Torsten W. Müller

Leben im Grenzgebiet der DDR

Titelbild: Der Beobachtungsturm BT 11 bei Bleckenrode und der Grenzzaun gehörten zu den Grenzsperr- und Sicherheitsanlagen, die die DDR mit großem finanziellen Aufwand bis 1989 unterhielt. Foto: Grenzlandmuseum Eichsfeld, Teistungen.

Dr. Torsten W. Müller, Jg. 1982, studierte an den Universitäten in Erfurt und Bamberg und promovierte mit einer Arbeit über Heimatvertriebene in Mitteldeutschland nach 1945. Als wissenschaftlicher Mitarbeiter an der Universität Erfurt galt sein besonderer Fokus der Aufarbeitung der Geschichte der katholischen Kirche in der DDR.

Von 2015 bis 2022 leitete er das kulturhistorische Eichsfeldmuseum in Heilbad Heiligenstadt. Dort etablierte er die »Heiligenstädter Palmsonntagsprozession« für das Bundesweite Verzeichnis Immateriellen Kulturerbes der Deutschen UNESCO-Kommission. In der Vergangenheit überzeugte er durch zahlreiche Publikationen zur Kultur-, Landes- und Zeitgeschichte. Müller war an vielen Ausstellungen und Medienprojekten beteiligt. Seit April 2022 leitet er das Museumsdorf Cloppenburg – Niedersächsisches Freilichtmuseum.

Landeszentrale für politische Bildung Thüringen
Regierungsstraße 73, 99084 Erfurt
www.lztthueringen.de
2024

ISBN: 978-3-910740-05-1

Inhalt

Einleitung

Infolge des Zweiten Weltkriegs verlief 44 Jahre lang eine Grenze mitten durch Deutschland. Seit 1945 riegelte sie als »Demarkationslinie« die sowjetische Besatzungszone von den westlichen Besatzungszonen ab, bevor sie dann die beiden Staaten Bundesrepublik Deutschland (BRD) und Deutsche Demokratische Republik (DDR) bis 1989 trennte. Stacheldraht und Mauer teilten das Land, zwangen Familien zur Flucht, zerschnitten Landschaften und Städte und prägten das Leben von Millionen Menschen.

In der DDR wurde der »Aufbau des Sozialismus« beschlossen und umgesetzt, was viele Menschen zur Flucht in die Bundesrepublik trieb. So war die DDR für viele Menschen über die ganze Dauer ihrer Existenz ein Land der Geflüchteten und der Flüchtenden. Hier lebten etwa 4 Millionen Heimatvertriebene, die seit Kriegsende in diesem Teil Deutschlands gestrandet waren. Bis zum Bau der Berliner Mauer 1961 flohen 2,6 bis 4 Millionen Menschen aus der DDR; etwa 500.000 kehrten in dieser Zeit wieder dorthin zurück. Zwischen August 1961 und dem Ende der DDR verließen rund 600.000 Menschen das sozialistische Land. Die meisten Bürger hatten Bekannte, Verwandte, Freundinnen und Freunde, Kolleginnen und Kollegen, die in den Westen gingen. Das Thema war in weiten Teilen der DDR-Bevölkerung immerwährender Gesprächsstoff, fast immer nur heimlich und im Vertrauen.

Dieser Massenflucht begegnete die führende Partei der DDR, die Sozialistische Einheitspartei Deutschlands (SED), mit der »Einbetonierung« ihres Staates. Auf Weisung der Sowjetregierung baute die DDR die anfangs noch durchlässige innerdeutsche Grenze ab Mai 1952 aus und schuf ein »Grenzgebiet zur Staatsgrenze West«, das aus Schutzstreifen und

Sperrzone bestand. Die Grenzsicherungsanlagen wurden nach der Errichtung der Berliner Mauer im August 1961 weiter ausgebaut und schließlich fast unüberwindbar gemacht.

Die Geschichte der Grenze und des vorgelagerten Grenzgebietes muss man auch immer in den größeren Kontext des Kalten Krieges integrieren, der die Lage in Europa in dieser Periode kennzeichnete. Denn diese Grenze auf deutschem Boden war gleichzeitig auch eine Grenze zwischen zwei Weltsystemen: 1955 trat die Bundesrepublik der NATO und die DDR dem Warschauer Vertrag bei, sodass die Staatsgrenze zwischen der DDR und der Bundesrepublik zur strategischen Verteidigungslinie der Vereinten Streitkräfte des Warschauer Vertrages und der NATO wurde und die sensible Trennlinie zwischen diesen beiden mächtigen militärischen Blöcken bildete. Ihre zuverlässige militärische Sicherung hatte für die DDR erstrangige Bedeutung.

Diese militärgeografische Lage der DDR als Vorposten des Warschauer Vertrages ließ ein Grenzregime entstehen, das weltweit einmalig war: Eine der am besten gesicherten, nahezu undurchlässigsten Grenzen der Welt.

Wie verliefen Leben, Arbeiten, Alltag und Feiertag im »Schatten« dieser Grenze? Welche Ge- und Verbote gab es für die dort lebenden Menschen; mit welchen Einschränkungen hatte die Grenzbevölkerung zu leben? Besonders sollen Bereiche innerhalb des ländlichen Grenzgebietes dargestellt werden; die Küste und das Grenzgebiet zu West-Berlin werden hier nicht ausführlich berücksichtigt. Unterlegt werden die Ausführungen mit Zitaten aus Grundsatzdokumenten verschiedener Ministerien und internen Texten des Ministeriums für Staatssicherheit, dem hochgradig durchorganisierten DDR-Geheimdienst. Denn in diesen Berichten stellten die Zuträger die Wirklichkeit zum Großteil so dar, wie sie den tatsächlichen Verhältnissen entsprach. Dennoch gilt anzumerken, dass die Desinformation auch in diesen historischen Quellen zuweilen hoch ist.

Weiterführende Forschungsperspektiven, die unterschiedliche, gleichwohl korrespondierende Dimensionen historischer

Gesellschaften beleuchten, können zusätzlich eröffnet werden. Die Ausführungen stützen sich dabei vor allem auf die Arbeiten von Peter Joachim Lapp, dem führenden Kenner in Fragen der DDR-Grenzen, dessen Darstellungen den derzeitigen Stand der Forschung zum Leben im Grenzgebiet und den Grenzregimen der DDR repräsentieren.

Annegret Büttner

Ein Schild aus dem Jahr 1953 markiert den Beginn der Fünf-Kilometer-Sperrzone.

wikipedia Alexrk2

Das geteilte Deutschland.

Entwicklung des Grenzregimes

Warum brauchte es überhaupt eine Grenze? Diese Frage ist von Politikern der beiden deutschen Staaten unterschiedlich beantwortet worden. SED-Politiker verwiesen stets darauf, die DDR mit diesem »antifaschistischen Schutzwall« vor »Räubern« aus dem Westen zu schützen. Die Mehrheit der Deutschen sah jedoch umso klarer den wahren Grund der Abriegelung, der darin bestand, Fluchtversuche von DDR-Bürgern in die Bundesrepublik zu verhindern. Salopp formuliert, kann man festhalten: Wenn die Bürger weglaufen, muss die Regierung etwas dafür tun, dass sie freiwillig bleiben. Statt die Fluchtgründe zu beseitigen, wurde aber in der DDR die Fluchtmöglichkeit verschlossen.

Ein Überblick zeichnet die Entwicklung des Grenzregimes von SBZ und DDR in seinen wichtigsten Etappen nach, das mit einem Provisorium begann und schließlich zur Systemgrenze generierte.

Ohne den vom nationalsozialistischen Deutschland entfesselten Zweiten Weltkrieg hätte es keine Teilung Deutschlands gegeben. Nicht die alliierten Siegermächte, sondern der deutsche Nationalsozialismus war Verursacher der innerdeutschen Grenze, wenngleich der sich abzeichnende »Kalte Krieg« die Entwicklung forcierte.

Unmittelbar nach Kriegsende zogen die Alliierten durch Deutschland eine Demarkationslinie zwischen den neu gebildeten vier Zonen, in Berlin zwischen den vier Sektoren. Während die Grenze zwischen den drei westlichen Zonen und Sektoren weitgehend durchlässig blieb, versuchte die sowjetische Besatzungsmacht, ihre Grenze möglichst umfassend zu kontrollieren. Ende Juni 1946 wurde durch eine von der Sowjetunion geforderte Kontrollratsverordnung die Grenze zwischen

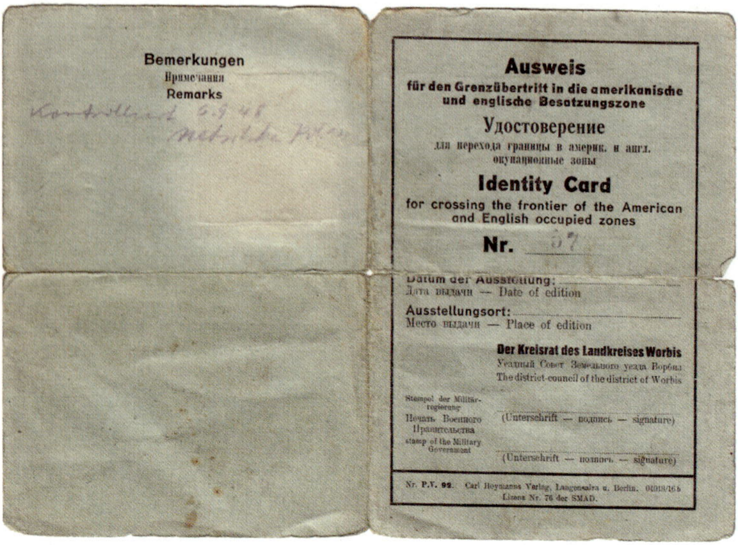
Bemerkungen
Примечания
Remarks

Ausweis
für den Grenzübertritt in die amerikanische und englische Besatzungszone
Удостоверение
для перехода границы в америк. и англ. оккупационные зоны
Identity Card
for crossing the frontier of the American and English occupied zones
Nr.

Datum der Ausstellung:
Дата выдачи — Date of edition
Ausstellungsort:
Место выдачи — Place of edition

Der Kreisrat des Landkreises Worbis
Уездный Совет Земельного уезда Ворбис
The district-council of the district of Worbis

Stempel der Militärregierung
Печать Военного Правительства
stamp of the Military Government

(Unterschrift — подпись — signature)

(Unterschrift — подпись — signature)

Nr. P.V. 92. Carl Heymanns Verlag, Langensalza u. Berlin.
Lizenz Nr. 76 der SMAD.

Sammlung Helmut Bode

Bis 1952 war es noch möglich, ein Arbeitsverhältnis »im Westen« zu unterhalten und mit einem Passierschein legal die Grenze zu überqueren. Hier ein Ausweis für den Grenzübertritt in die amerikanische und englische Besatzungszone von 1948.

den Westzonen und der sowjetischen Zone gesperrt. Nach zwei weiteren Direktiven der Alliierten 1946 und 1947 durften Privatreisen zwischen den westlichen Besatzungszonen und der SBZ nur aus dringenden Gründen durchgeführt werden. Zu ihrer Unterstützung befahl die sowjetische Militäradministration die Aufstellung einer deutschen Grenzpolizei in der SBZ, die schon vor der Gründung der DDR über 10.000 Personen umfasste.

Im Sommer 1947 erließen die sowjetische und die (ost-)deutsche Seite eine Dienstanweisung zur einheitlichen Überwachung der Demarkationslinie. Sie erhöhten das Personal ihrer Grenzpolizei bis 1961 auf insgesamt 40.000 Bewaffnete. Nach Einführung der Wehrpflicht im Jahr 1962 leisteten auch Eingezogene ihren »Ehrendienst« bei den Grenztruppen. Im vorletzten Jahr der DDR »sicherten« knapp 47.000 Grenzsoldaten und knapp 8.000 Passkontrolleinheiten des Ministeriums für Staatssicherheit (MfS), die ebenfalls Uniformen der Grenztruppen trugen, die innerdeutsche Grenze.

Der 1951 gegründete Bundesgrenzschutz (BGS), der u. a. die innerdeutsche Grenze auf der Westseite bewachte, hatte anfangs eine Stärke von 10.000 Mann, deren Zahl sich bis 1953 verdoppelte und in etwa auf diesem Niveau blieb. Nach der Wiedervereinigung übernahm der BGS die Transportpolizei und Teile der Grenztruppen, sodass die Sollstärke auf knapp 30.000 stieg. 2005 benannte die Bundesregierung den Bundesgrenzschutz in Bundespolizei um.

Mit der Ziehung der Demarkationslinie Anfang Juli 1945 wurden zonenüberschreitende Straßen durch Schlagbäume gesperrt und vereinzelt erste Drahtzäune errichtet. Gelegentlich war der Verlauf der Grenzlinie durch Holzpfähle und in Waldgebieten auch durch farbige Markierungen an Bäumen gekennzeichnet. Erste Hinweistafeln auf die Demarkationslinie wurden errichtet. Doch kann zu diesem Zeitpunkt noch nicht von einem »Eisernen Vorhang« gesprochen werden. Es existierte noch keine durchgängige Grenzsicherung in Form von Mauer, Stacheldraht und Zäunen. Die Demarkationslinie bildete zu diesem Zeitpunkt eine kaum sichtbare Barriere, wenngleich sie bereits infolge ihrer Bewachung in zunehmendem Maße für die Bewohner beiderseits der Grenzlinie spürbar wurde. Anders als wenige Jahre später trennte sie die Menschen noch nicht endgültig. Sie bildete eher einen diffusen Bereich als einen radikalen Schnitt zwischen zwei unterschiedlichen politischen Systemen.

Einschneidende Veränderungen an der innerdeutschen Grenze brachte das Jahr 1952. Im Rahmen der Abschottung der DDR von der Bundesrepublik und deren Ausbau als »Bollwerk des Sozialismus« gegen den Westen formte die SED-Führung aus einer bis dahin »grünen Grenze« in Absprache mit Moskau einen »Eisernen Vorhang«. Dem sowjetischen Vorbild folgend wurde am 16. Mai 1952 die Deutsche Grenzpolizei dem 1950

Sammlung Berthold Brill

1952 pflügte man einen Zehn-Meter-Streifen, der 1961 im Höheberg bei Lindewerra zu einer mehrere hundert Meter breiten Schneise vergrößert wurde. Das Foto wurde heimlich aufgenommen, da es strikt verboten war, Grenzsicherungsanlagen zu fotografieren.

gegründeten Ministerium für Staatssicherheit unterstellt. Etwa 20.000 Angehörige wurden damit aus dem Ministerium des Inneren und dem allgemeinen Bestand der Volkspolizei ausgegliedert und als »selbstständiger Zweig der bewaffneten Organe« betrachtet.

Mit der Polizeiverordnung vom 26. Mai 1952 sperrte die DDR ihre Grenze zur Bundesrepublik. Stacheldraht, Beobachtungstürme und Grenzpolizei verhinderten den Grenzübertritt. Den ca. 500 Meter breiten »Schutzstreifen« direkt an der Grenze bewachten Grenzpolizisten. Das etwa fünf Kilometer tiefe »Sperrgebiet« durfte nur mit Erlaubnis der Volkspolizei betreten werden. Das Grenzsicherungssystem wurde in den folgenden Jahrzehnten immer weiter perfektioniert. Volkspolizei, Grenztruppen und Staatssicherheit kontrollieren das Grenzgebiet, um schon die Annäherung von Fluchtwilligen zu verhindern.

Das zunehmende wirtschaftliche Gefälle zur Bundesrepublik, die ausbleibende demokratische Entwicklung, die forcierte Kollektivierung der Landwirtschaft und das Berlin-Ultimatum Nikita Chruschtschows am 27. November 1958 bewirkten Ende der 1950er-Jahre eine dramatische Zuspitzung der Fluchtbewegung aus der DDR. Die Berlin-Frage erlangte zunehmend existenzielle Bedeutung für die SED-Führung.

Da sich die Fluchtmöglichkeiten durch den Ausbau der Grenzbefestigungen an der innerdeutschen Grenze verringert hatten, verließen immer mehr Menschen die DDR über die noch offenen und damit relativ einfach zu überwindenden Sektorengrenzen in Berlin. Ein weiteres schwerwiegendes Problem für die DDR stellte die »Schaufensterfunktion« des überlegenen wirtschaftlichen Systems im Westteil der Stadt dar.

Anfang der 1960er-Jahre arbeiteten ca. 60.000 Grenzgänger aus Ost-Berlin oder dem Umland im Westteil der Stadt, andererseits fehlten über 45.000 Arbeitskräfte im Ostteil. Die Schäden durch Abwanderung, insbesondere von jungen Menschen sowie Akademikern und ausgebildeten Facharbeitern, bezifferte die DDR mit jährlich etwa 2,5 Milliarden Mark. Im

Sommer 1961 kam es schließlich zur Abriegelung Berlins und Errichtung der Berliner Mauer – dem wohl symbolträchtigsten Bauwerk der deutschen Teilung.

Die Schließung der Grenze der DDR gegenüber West-Berlin am 13. August 1961 hatte auch für das Grenzgebiet an der innerdeutschen Grenze schwerwiegende Folgen. Nach einer Direktive des Sekretariats des ZK der SED vom 16. August 1961 wurde faktisch eine Wiederholung der Maßnahmen vom Mai 1952 angekündigt: erneut die Überprüfung aller Bewohner und aller Kader, die Verlagerung von Industriebetrieben aus dem 500-Meter-Schutzstreifen, Zwangsaussiedlungen, die Verbesserung des Waren- und Kulturangebots im Sperrgebiet.

Zusätzlich wurde der pioniertechnische Ausbau der Grenzanlagen angeordnet. Dies hatte zur Folge, dass fast überall ein doppelter Stacheldrahtzaun errichtet und an mehreren Stellen Bodenminen verlegt wurden. Die Deutsche Grenzpolizei wurde im September 1961 dem Ministerium für Nationale Verteidigung als »Kommando Grenze« unterstellt. Vom Januar 1962 an sollte sie damit von der neu eingeführten Wehrpflicht profitieren.

Die sozialliberale Entspannungspolitik und die internationale Anerkennung der DDR führten keineswegs zu einer Lockerung des Grenzregimes, im Gegenteil: Staats- und Parteichef Erich Honecker erklärte auf einer Sitzung des Nationalen Verteidigungsrates im Mai 1974: *»Überall muss ein einwandfreies Schussfeld gewährleistet werden […]; nach wie vor muss bei Grenzdurchbruchsversuchen von der Schusswaffe rücksichtslos Gebrauch gemacht werden, und es sind die Genossen, die die Schusswaffe erfolgreich angewandt haben, zu belobigen.«* So geschah es auch: Grenzsoldaten, die Flüchtende hinterrücks erschossen, erhielten in der Regel Prämien, Sonderurlaub und Beförderungen.

Außerhalb von Berlin verlegten Grenztruppen zwischen 1961 und 1983 mehr als eine Million Bodenminen, die ab den 1970er-Jahren teilweise von Selbstschussanlagen, den sogenannten Splitterminen SM 70, ergänzt oder durch sie ersetzt wurden. Hiervon waren 1983 etwa 60.000 an der innerdeutschen Grenze montiert. Aufgrund einer Selbstverpflichtung gegenüber der UNO und wegen möglicher Gefährdungen der eigenen Soldaten beseitigte die DDR bis 1985 die SM 70, die ähnliche Verletzungen wie Dumdum-Geschosse verursachten, ebenso wie die meisten Bodenminen. Im Laufe der Jahre »verbesserte« die SED die Grenzsicherung, u. a. mit Signalzäunen, Lichttrassen und Hundelaufanlagen, sodass eine Flucht kaum noch möglich war.

Das dem »Schutzstreifen« vorgelagerte Sperrgebiet mit einer Tiefe von ca. fünf Kilometern gehörte mit zum Grenzregime der DDR. Die Bewegungsfreiheit der Bewohner dieses Territoriums und die Lebensqualität waren außerordentlich eingeschränkt – das Leben spielte sich unter dauerhaften Ausnahmebedingungen ab und unterlag vielfältigen Einschränkungen.

Sammlung Willi Klöppner

Der Friedhof des Dorfes Sickenberg lag direkt am Grenzzaun. Auf dieser Aufnahme vom Dezember 1989 ist allerdings der Signaldraht nicht mehr am Grenzzaun vorhanden.

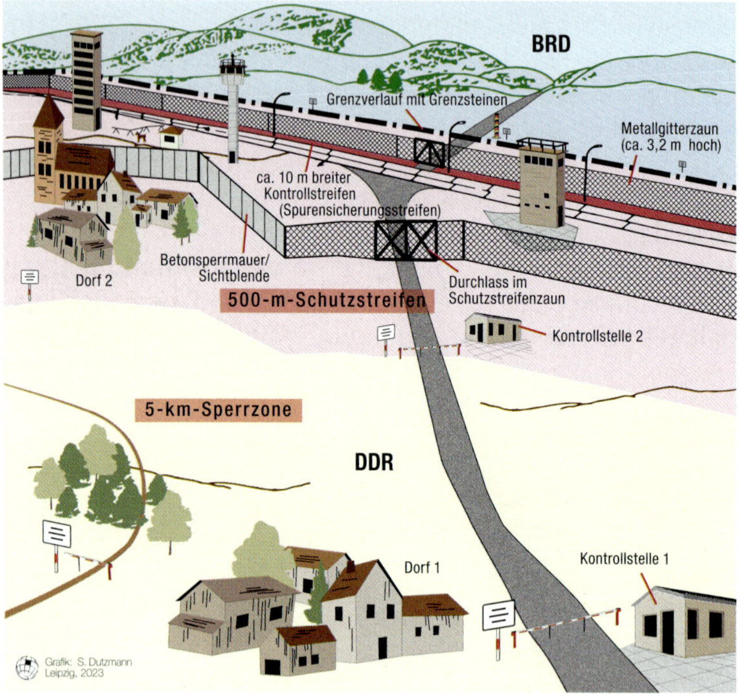

Kartografie: Silke Dutzmann

Der Aufbau des Grenzgebietes der DDR: der ständig gepflügte »10-Meter-Kontrollstreifen« direkt an der Grenzlinie, der »500-Meter-Schutzstreifen« inkl. doppelter Stacheldraht- später Streckmetall- und Grenzsignalzaun, Kolonnenweg, Beobachtungstürmen, Sperrgräben, Bunkern, Lichttrasse, Hundelaufanlagen usw.
DDR-einwärts schloss sich die »Sperrzone« an, die eine Tiefe von drei bis fünf Kilometern aufwies. An den Eingängen zur Sperrzone und zum Schutzstreifen wurden Schlagbäume errichtet, an denen die Ein- und Ausreise von Personen genauestens kontrolliert wurden.

Aufbau und Organisation

Das Grenz- oder Sperrgebiet zu Westdeutschland bestand seit 1952 aus einem dreifach gestaffelten Sicherungssystem. Es begann mit einem gerodeten und ständig gepflügten »10-Meter-Kontrollstreifen«. Dieser gehörte zum »Schutzstreifen« direkt an der Grenzlinie, welcher in der Regel bis zu 500 Meter tief war; hier befanden sich ein doppelter Stacheldraht- später ein Streckmetall- und ein Grenzsignalzaun, Kolonnenweg, Beobachtungstürme, Sperrgräben, Bunker, Lichttrasse, Hundelaufanlagen usw. DDR-einwärts schloss sich die »Sperrzone« an, die eine Tiefe von drei bis fünf Kilometern aufwies.

An den Eingängen zur Fünf-Kilometer-Sperrzone und zum 500-Meter-Schutzstreifen wurden Kontrollstellen mit Schlagbäumen errichtet, an denen Volks- und Grenzpolizisten, Letztere später Grenzsoldaten, die Ein- und Ausreise von Personen genauestens kontrollierten und reglementierten. Die Volkspolizisten waren mit Pistolen, die Grenzsoldaten mit Maschinenpistolen ausgerüstet. Bei der Einreise ins Grenzgebiet kontrollierten sie die Personen auf die Gültigkeit der Ausweisdokumente und Berechtigung der Einreise, durften Lade- und Kofferräume öffnen, um verstecke Personen zu finden, beobachteten das Gelände, um zu verhindern, dass Personen ohne Kontrolle ins Grenzgebiet einreisten, und überwachten die Sicherheitsanlagen.

Die Kontrollpunkte der Volkspolizei im Barackenstil waren beheizbar und mit einer elektrischen Beleuchtungsanlage für innen und außen versehen. Sie waren ausgestattet mit einer Funkanlage, ggf. Handfunksprechgeräten, Fernglas, Handfesseln, Verkehrssignalstäben, Fahndungsbüchern, Formularen, Vordrucken des Festnahmeprotokolls, Verschleierungsmitteln und Verbandkasten. Der Schlagbaum davor sollte zweiseitig aufschlagend gestaltet sein.

Walter Schulz

Kontrollstelle am Eingang zum Grenzgebiet bei Hessenau im Eichsfeld mit Postenhaus und einem zweiseitig aufschlagenden Schlagbaum, 1990.

In Bahnen und Bussen, die zum Grenzgebiet führten, kontrollierten Angehörige der Volkspolizei und der Transportpolizei die Reisenden. Der Verlauf der Sperrzone und des Schutzstreifens wurde mittels aufgestellter Schilder, farbiger Markierung an Bäumen und Schlagbäumen vorgenommen.

An der letzten Kreuzung bzw. Abzweigung vor dem Grenzgebiet stand das Verkehrszeichen »Verkehrsverbot für alle Fahrzeuge« mit dem Zusatz »Außer Sondergenehmigung« oder »Außer Anlieger und Sondergenehmigung«. Die Wegweiser im gesamten Grenzgebiet wiesen nur auf den nächsten Ort im Grenzgebiet hin, um Unkundigen die Möglichkeit der Orientierung zu nehmen. Zufahrtsstraßen und Wege zum Schutzstreifen, die für den öffentlichen Verkehr – zum Beispiel Wald- und Wanderwege – nicht zugelassen waren, wurden mittels Schlagbaum abgesperrt.

Besonderheiten, auf die hier nicht ausführlich eingegangen werden kann, ergaben sich an der Ostsee und in der geteilten

Stadt Berlin: Entlang der Staatsgrenze der DDR zu West-Berlin bestand das Grenzgebiet nur aus einem 50 bis 500 Meter tiefen Schutzstreifen. Entlang der Küste der DDR bestand das Grenzgebiet aus dem Schutzstreifen und einer speziellen Grenzzone, die fünf Kilometer tief war und die Inseln Poel, Rügen, Hiddensee und Usedom sowie die Halbinseln Darß und Wustrow einschloss. Der Strand war von abends 20 Uhr bis morgens 6 Uhr für Besucher gesperrt und wurde streng bewacht; ansonsten konnte man nahezu ungestört baden. Grenzsignalzäune gab es nur an wenigen Stellen und Zäune bzw. andere Hindernisse zumeist nur in Häfen; so z. B. Sichtblenden im Bereich des Eisenbahn-Fähranlegers in Warnemünde oder Saßnitz.

Rund 200.000 Menschen lebten in den 1980er-Jahren ständig im Grenzgebiet der DDR. Seit 1972 war dieses Gebiet mehrmals verkleinert worden; ursprünglich lebten hier einmal 370.000 Einwohner. Jeder polizeilich gemeldete Bewohner bekam seit 1952 einen Stempel in seinen Personalausweis – einen mit blauer Stempelfarbe für die Sperrzone und einen mit roter Stempelfarbe für den Schutzstreifen und für die Küste als gültige Aufenthaltsgenehmigung, welcher bei jeder Ein- und Ausreise an den Kontrollpunkten vorgezeigt werden musste. Diese farbigen Registriervermerke wurden für die Dauer von zwei Jahren erteilt und danach immer wieder für zwei Jahre verlängert. Dafür gab es einen eigenen »Verlängerungsstempel« bei der Deutschen Volkspolizei. Dieser Stempel war zu siegeln und zu unterschreiben. Die Gültigkeit der Stempel zur Einreise ins Grenzgebiet war örtlich begrenzt: Für die Bewohner der Sperrzone war er auf den Aufenthalt in der Sperrzone des Wohnkreises beschränkt; in andere Sperrgebiete der DDR durfte der Berechtigte mit seinem blauen Stempel nicht einreisen. Für die Bewohner des Schutzstreifens an der Staatsgrenze zur Bundesrepublik war er für den Aufenthalt in der zuständigen Wohngemeinde und die Sperrzone des zuständigen Kreises gültig.

Damit nicht genug an Bürokratie. Die Dienstvorschrift 08/82 legte zusätzlich fest: *»Über die an Bewohner des*

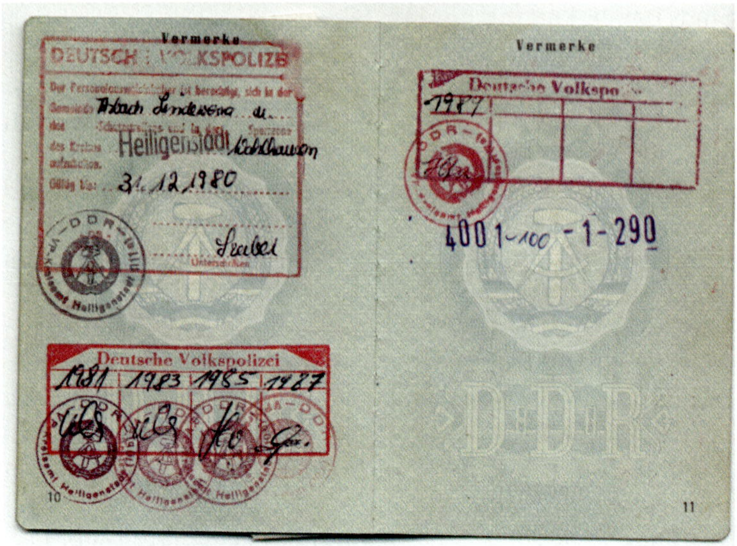

Sammlung Ursel Lange

Personalausweis eines DDR-Bürgers: Der rote Stempel markiert die Aufenthaltsgenehmigung für den Schutzstreifen (links oben). Darunter die Verlängerungsstempel.

Grenzgebietes erteilten R-Vermerke bzw. der erfolgten Verlängerung ihrer Gültigkeit ist auf den Rückseiten der Karteikarten der Meldestellenkartei durch Aufdruck des Registrier- bzw. Verlängerungsstempels ein genauer Nachweis zu führen.«

Bei Schülern, die nicht im Besitz eines Personalausweises waren und im Schutzstreifen wohnten, sollte in Verbindung mit dem zuständigen Direktor der Schule erreicht werden, dass die Schüler beim Betreten und Verlassen des Schutzstreifens ihren Pionier- bzw. FDJ-Ausweis bei sich tragen. Für Schüler, die nicht Mitglied der Pionierorganisation waren und eine Zentralschule außerhalb des Schutzstreifens besuchten, stellte auf Antrag des Kommandeurs des Grenzregiments der Direktor der Schule eine Bescheinigung aus.

Nach Abschluss der innerdeutschen Verträge zu Beginn der Siebzigerjahre reduzierte die SED-Führung die Tiefe des

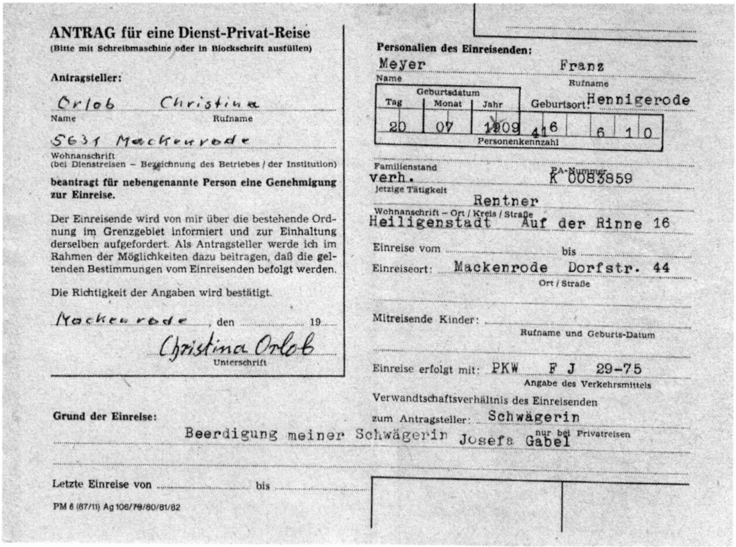

ANTRAG für eine Dienst-Privat-Reise
(Bitte mit Schreibmaschine oder in Blockschrift ausfüllen)

Antragsteller:

Orlob Christina
Name Rufname

5631 Mackenrode
Wohnanschrift
(bei Dienstreisen – Bezeichnung des Betriebes / der Institution)

beantragt für nebengenannte Person eine Genehmigung zur Einreise.

Der Einreisende wird von mir über die bestehende Ordnung im Grenzgebiet informiert und zur Einhaltung derselben aufgefordert. Als Antragsteller werde ich im Rahmen der Möglichkeiten dazu beitragen, daß die geltenden Bestimmungen vom Einreisenden befolgt werden.

Die Richtigkeit der Angaben wird bestätigt.

Mackenrode, den .... 19....

Christina Orlob
Unterschrift

Personalien des Einreisenden:

Meyer Franz
Name Rufname

Geburtsdatum Tag	Monat	Jahr	Geburtsort
20	07	1909	Hennigerode

Personenkennzahl: 416 6 1 0

Familienstand: verh.
PA-Nummer: K 0083859
Jetzige Tätigkeit: Rentner
Wohnanschrift – Ort / Kreis / Straße: Heiligenstadt Auf der Rinne 16
Einreise vom .... bis ....
Einreiseort: Mackenrode Dorfstr. 44
Ort / Straße
Mitreisende Kinder: ....
Rufname und Geburts-Datum
Einreise erfolgt mit: PKW F J 29-75
Angabe des Verkehrsmittels
Verwandtschaftsverhältnis des Einreisenden zum Antragsteller: Schwägerin
nur bei Privatreisen

Grund der Einreise:
Beerdigung meiner Schwägerin Josefa Gabel

Letzte Einreise von ...., bis ....

PM 6 (67/11) Ag 106/79/80/81/82

Sammlung Bärbel Klöppner

Antrag auf Einreise in das Sperrgebiet nach Mackenrode im Eichsfeld 1983.

Schutzstreifens und des Grenzgebietes. Es wurden einzelne Orte aus diesem Territorium, wie Isenburg im Harz oder Sonneberg in Thüringen, aus wirtschaftlichen oder regionalen Grün den wieder aus dem Sperrgebiet herausgelöst – nicht immer widerspruchslos, denn an die als Ausgleich gezahlte monatliche Sperrgebietszulage hatten sich die Grenzbewohner durchaus gewöhnt. Grundsätzlich aber kämpften die Menschen hier im Alltag mit denselben (Versorgungs-)Problemen wie im Rest der DDR – freilich unter erschwerten Bedingungen und besonders rigider Kontrolle. Das Sperrgebiet war gewissermaßen eine verschärfte DDR innerhalb der DDR.

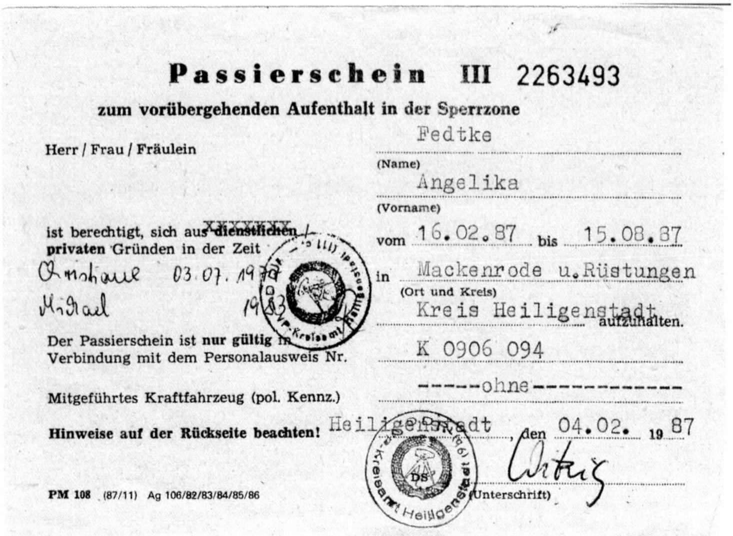

Passierschein III 2263493

zum vorübergehenden Aufenthalt in der Sperrzone

Herr / Frau / Fräulein .... Fedtke
(Name)

.... Angelika
(Vorname)

ist berechtigt, sich aus XXXXXXX ~~dienstlichen~~ / privaten Gründen in der Zeit vom 16.02.87 bis 15.08.87

Christiane 03.07.1970
Michael 1983

in Mackenrode u. Rüstungen
(Ort und Kreis)
Kreis Heiligenstadt aufzuhalten.

Der Passierschein ist nur gültig in Verbindung mit dem Personalausweis Nr. K 0906 094

Mitgeführtes Kraftfahrzeug (pol. Kennz.) -----ohne-----------

Hinweise auf der Rückseite beachten! Heiligenstadt, den 04.02. 1987

DS
(Unterschrift)

PM 108 (87/11) Ag 106/82/83/84/85/86

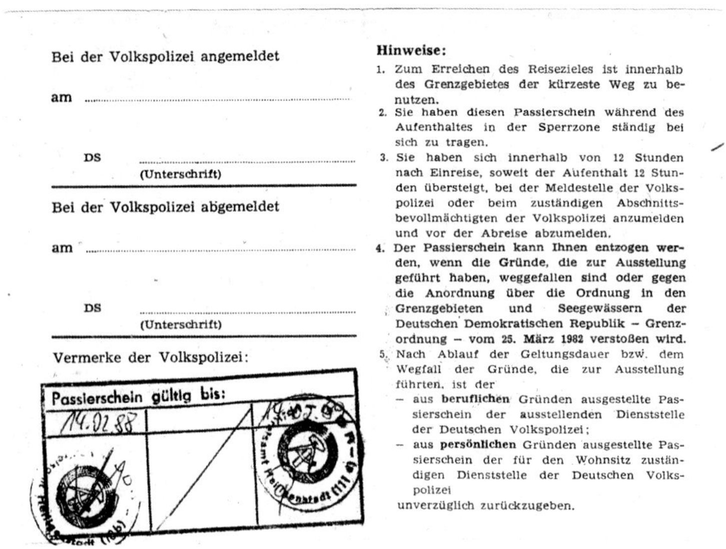

Bei der Volkspolizei angemeldet

am ....

DS ....
(Unterschrift)

Bei der Volkspolizei abgemeldet

am ....

DS ....
(Unterschrift)

Vermerke der Volkspolizei:

Passierschein gültig bis:
14.02.88

Hinweise:

1. Zum Erreichen des Reisezieles ist innerhalb des Grenzgebietes der kürzeste Weg zu benutzen.
2. Sie haben diesen Passierschein während des Aufenthaltes in der Sperrzone ständig bei sich zu tragen.
3. Sie haben sich innerhalb von 12 Stunden nach Einreise, soweit der Aufenthalt 12 Stunden übersteigt, bei der Meldestelle der Volkspolizei oder beim zuständigen Abschnittsbevollmächtigten der Volkspolizei anzumelden und vor der Abreise abzumelden.
4. **Der Passierschein kann Ihnen entzogen werden, wenn die Gründe, die zur Ausstellung geführt haben, weggefallen sind oder gegen die Anordnung über die Ordnung in den Grenzgebieten und Seegewässern der Deutschen Demokratischen Republik – Grenzordnung – vom 25. März 1982 verstoßen wird.**
5. Nach Ablauf der Geltungsdauer bzw. dem Wegfall der Gründe, die zur Ausstellung führten, ist der
   – aus **beruflichen** Gründen ausgestellte Passierschein der ausstellenden Dienststelle der Deutschen Volkspolizei;
   – aus **persönlichen** Gründen ausgestellte Passierschein der für den Wohnsitz zuständigen Dienststelle der Deutschen Volkspolizei

   unverzüglich zurückzugeben.

Sammlung Bärbel Klöppner

Passierschein (Vorder- und Rückseite) zur Einreise in die Fünf-Kilometer-Sperrzone.

Gesetze, Direktiven und Verordnungen

Für das gesamte DDR-Grenzgebiet galt eine Vielzahl von Gesetzen, Verordnungen, Direktiven, Befehlen und Anordnungen der Staats- und Sicherheitsorgane, die vor allem ein Ziel hatten: die Verhinderung von »ungesetzlichen Grenzübertritten« aus der DDR in die Bundesrepublik. Im Zusammenhang damit erfolgten eine Dauerüberwachung der Grenzbevölkerung und der Versuch, möglichst breite Kreise dieser Bevölkerung in die DDR-Grenzsicherungsmaßnahmen einzubeziehen.

Vorübergehende Einreise und Aufenthalt

Wohnsitznahme, Einreise und Aufenthalt im DDR-Grenzgebiet waren an Genehmigungen der Staatsorgane gebunden. So mussten Bürger, die ihren Wohnsitz außerhalb des Sperrgebietes hatten und in das Grenzgebiet einreisen wollten, einen Passierschein besitzen. Passierscheine zur Einreise aus beruflichen Gründen waren von den Betriebsleitern oder ihren Beauftragten bei der Volkspolizei schriftlich zu beantragen. Privatpersonen der DDR waren auf eine Einladung von den im Grenzgebiet lebenden Bürgern angewiesen, die den Passierschein bei der Deutschen Volkspolizei schriftlich beantragen mussten. Bei der Aushändigung des Passierscheins an den Reisenden musste der Empfang auf dem Antrag mit persönlicher Unterschrift bestätigt werden. Auf eigene Initiative konnten Besucher aus dem Inneren der DDR nicht in das Grenzgebiet einreisen. Es gab nur wenige Ausnahmen: Passierscheine zur Einreise ins Grenzgebiet zum Zwecke des (Ferien-) Aufenthalts in Kur- und Erholungsheimen oder in Hotels des Reisebüros der DDR waren unter Vorlage der »Einweisung« bzw. des »Reiseschecks« bei der für den Wohnsitz des Einreisenden zuständigen Polizeibehörde zu beantragen.

Dazu legte die Dienstvorschrift von 1982 fest: *»Bei der Entgegennahme der Anträge ist mit den Bürgern ein individuelles Gespräch zu führen, bei dem der Zweck sowie die Notwendigkeit der Einreise und der beabsichtigten Aufenthaltsdauer zu erfragen ist. Das Ergebnis der Aussprache, insbesondere auch andere Informationen über den Einreisenden, die für die Entscheidung des Antrages bedeutsam sind, sind in einem Vermerk den Anträgen beizufügen.«*

Äußerst langwierig war die Überprüfung: *»Bei Anträgen zur vorübergehenden Einreise aus persönlichen Gründen ist im Grenz-VPKA zu prüfen, ob die Gründe der beantragten Einreise zutreffen, gegen den Antragsteller Bedenken bestehen oder andere Gründe vorliegen, die eine Einreise nicht zulassen. Der ABV hat die Anträge mit Teilnehmern der Sicherheitsberatungen in den Gemeinden abzustimmen und bei Einreisen in den Schutzstreifen die mündliche Zustimmung des zuständigen Kommandeurs der Grenztruppen einzuholen. Gleichzeitig hat die Abstimmung mit dem Grenzoffizier der K zu erfolgen.«*

Private Einreisen ins Grenzgebiet waren – wie beschrieben – an den Passierschein gebunden. Dieser sollte nur unter *»Anlegung eines strengen Maßstabes ausgestellt werden«*, wenn folgende Gründe vorlagen:

» a) für die Sperrzone

- *zum Besuch der Ehegatten, Eltern, Schwiegereltern, Großeltern, Kinder und deren Ehegatten, Enkel und Geschwister. Im Haushalt lebende Kinder und Jugendliche bis zum vollendeten 18. Lebensjahr können mit einreisen. Beim Besuch der Großeltern und Geschwister kann die Genehmigung auch für Ehepartner erteilt werden.*
- *zum Aufenthalt in Kur- und Erholungshelmen, in die eine Einweisung durch den FDGB oder durch das Reisebüro der DDR vorliegt. [...] Bei Einweisungen in das Reisebürohotel ›Heinrich Heine‹ in Schierke erfolgt die Ausgabe der*

Einweisungsscheine ohne Rückfrage im VPKA, so daß die Überprüfung bei der Beantragung des PS durchzuführen ist.

b) für den Schutzstreifen

- *zum Besuch der Ehegatten, Eltern, Schwiegereltern, Kinder und deren Ehegatten. Beim Besuch der Ehegatten, Eltern und Schwiegereltern können auch die im Haushalt lebenden Kinder und Jugendlichen bis zum vollendeten 18. Lebensjahr mit einreisen.*
- *zum Besuch der Großeltern, Enkel und Geschwister bei Vorliegen besonderer familiärer Gründe, wie Todesfall, lebensgefährlicher Erkrankungen und Familienfestlichkeiten (Familienfestlichkeiten können sein: Sozialistische Namensgebung, Kindtaufe, Einschulungsfeier, Jugendweihe oder Konfirmation, Eheschließung, Ehejubiläum, Geburtstagsfeier, Verleihung staatlicher Auszeichnungen, Staatsfeiertage, sowie Oster-, Pfingst- und Weihnachtsfeiertage, Verlobungsfeier u. ä. Festlichkeiten).«*

Abgelehnt werden mussten Anträge für Einreisen zum Urlaubsaufenthalt, der durch private Einrichtungen, örtliche Kurverwaltungen u. ä. vermittelt wurde, sowie für Wochenendfahrten, Wanderungen usw. in die Grenzgebiete.

Sehr viele Bewohner der Sperrzone oder des Schutzstreifens hatten naturgemäß Verwandte und Freunde westlich der Grenze; der »Eiserne Vorhang« trennte Familien, Kulturlandschaften, Bistümer und Wirtschaftsräume. Aus dem Westteil Deutschlands, der Bundesrepublik, durfte zunächst niemand in das unmittelbare Grenzgebiet einreisen. Vielen wurde ein ersehntes Wiedersehen ihres Heimat- oder Geburtsortes verwehrt. Familienfeiern mit Westbesuch konnten nur außerhalb des Grenzgebietes stattfinden, was viele als schmerzliche Sonderlösung empfanden. Seltene Ausnahmen für die Einreise von Bundesbürgern in das Grenzgebiet waren Beerdigungen von Verwandten ersten Grades. Nach ausnahmsweise kurzfristiger Antragstellung konnte »BRD-Bürgern« eine Einreisegenehmigung für bis zu vier Tage erteilt werden. Die Fahrten zur persönlichen An- und Abmeldung beim jeweiligen

Volkspolizeikreisamt verkürzten noch die wenigen Aufenthaltsstunden. Bei der Beerdigung eines Großvaters bedeutete dies beispielsweise, dass dessen Kinder an den Trauerfeierlichkeiten ggf. teilnehmen durften, die Schwiegertöchter oder -söhne sowie Enkel hingegen nicht.

Mitte der 1980er-Jahre kam es zu einer Neuregelung der Einreisen in das Fünf-Kilometer-Sperrgebiet. Fortan konnten Abgeordnete der örtlichen Volksvertretungen eine Person ohne Passierschein mit in die Sperrzone nehmen, wobei zur Legitimation der Abgeordnetenausweis diente. Das traf natürlich nur den jeweiligen Zuständigkeitsbereich des Abgeordneten. Der Bevölkerung wurde diese Regelung nur unzureichend bekannt gemacht. Diese sah darin lediglich eine Privilegierung einzelner Bürger und keine wirkliche Erleichterung für die gesamte Öffentlichkeit der Sperrzone.

Die SED-Führung, das Ministerium für Staatssicherheit und die Deutsche Volkspolizei (DVP) entschieden darüber, wer sich unter welchen Bedingungen wie lange im Grenzgebiet aufhalten oder wohnen durfte. Die Suche nach Informationen über diesen Personenkreis, auch aus dem privaten Bereich, kannte kaum Grenzen. Das unterstrich Anfang der 1980er-Jahre abermals eine die Richtlinie Nr. 1/82 *»zur Durchführung von Sicherheitsüberprüfungen«* des Ministeriums für Staatssicherheit.

Dieses Dokument bestätigte die Überwachung von Personen, die für höhere Positionen/Funktionen oder als »Reisekader« vorgesehen waren. Hinsichtlich der Überprüfung von Personen, die *»eine Erlaubnis bzw. Genehmigung zum Aufenthalt im Schutzstreifen an der Staatsgrenze zur BRD und in besonders gefährdeten Bereichen des Grenzgebietes zu Westberlin«* erhalten sollten, wurden strenge Ansprüche gestellt. Unter Einbeziehung von IM-Informationen sollten geprüft werden:

- die Bindung an die gesellschaftlichen Verhältnisse in der DDR (einschließlich: »Übereinstimmung von Wort und Tat«);
- die Bindung an die Familie, an Verwandte und Freunde, an die berufliche Tätigkeit und das Arbeitskollektiv;
- Persönlichkeitsmerkmale, die den Schluss zulassen, ob z.B.

feindlich-negativen Beeinflussungsversuchen widerstanden wird;

- Persönlichkeitseigenschaften, die erwarten lassen, dass eine *»gefestigte positive Einstellung als Bürger der DDR«* eingenommen wird (z. B. bei verwandtschaftlichen und anderen privaten Verbindungen nach Westdeutschland);
- Bindung an vorhandene materielle Werte (wie Wohnungseinrichtungen, Fahrzeuge, Wochenendgrundstücke, Ersparnisse, Vermögenswerte);
- Bindung an ideelle Werte (wie gesellschaftliche Anerkennung, Auszeichnungen und Heimatverbundenheit).

Abschließend hieß es unter der Ziffer 3.2.2:

»Der Erteilung von Erlaubnissen bzw. Genehmigungen zum Aufenthalt im Grenzgebiet zur BRD außerhalb des Schutzstreifens, im Grenzgebiet zu Westberlin außerhalb der besonders gefährdeten Bereiche [...] ist nicht zuzustimmen, wenn Hinweise auf Absichten zum ungesetzlichen Verlassen der DDR oder auf Übersiedlungsabsichten vorliegen, bzw. wenn von der betreffenden Person feindlich negative Handlungen oder andere Gefahren für die Sicherheit und Ordnung im Grenzgebiet ausgehen können.«

Der Aufenthalt im Schutzstreifen einschließlich Grenzgebiet zu West-Berlin *»in besonders gefährdeten Bereichen«* war an sehr hohe Sicherheitsansprüche gebunden, die erst nach einer strengen Personenanalyse abgearbeitet werden konnten und einen erheblichen Arbeitsaufwand erforderten. Die Nachforschungen des MfS hatten diesbezüglich allumfassend zu sein. Erforderlich waren u. a. exakte Angaben

- zur beruflichen, fachlichen und kaderpolitischen Entwicklung, zur politischen Einstellung, z. B. politische und gesellschaftliche Aktivitäten im Arbeits-, Wohn- und Freizeitbereich, zum persönlichen Engagement, zu Verhalten und Meinungsäußerungen in politischen Spannungszeiten;
- zu Widersprüchen zwischen verbalen Bekenntnissen und Verhalten;
- zu früheren Parteizugehörigkeiten und konfessionellen Bindungen;

- zu politischer Reife, Standhaftigkeit und Überzeugungskraft;
- zu den Familienverhältnissen, familiäre Bindung und Milieu, Konfliktsituationen im Eheleben, bedeutsame familiäre Auseinandersetzungen, außereheliche Verhältnisse, Wohnverhältnisse, materielle Bedingungen, Vermögensverhältnisse oder Verschuldungen, Hobbys, Interessen, Neigungen (*»Beachte: Nutzung zu spektakulären Grenzangriffen unter Nutzung dieser Kenntnisse, z. B. Flugsport, Tauchsport usw.«*);
- zu Hinweisen auf negativ-feindliche Personen innerhalb der Familie, Übersiedlungsersuchende und deren Vorfeld, zum Charakter und zur Persönlichkeit, wesensbestimmende Charaktereigenschaften, Kollektivverhalten, Arbeitsdisziplin, Lebensmaxime, Berufsethos, charakterliche Auffälligkeiten wie Spontaneität und Jähzorn, leichte Beeinflussbarkeit, charakterliche und psychische Abnormitäten, Alkoholiker;
- zu operativ bedeutsamen Verbindungen innerhalb der DDR, u. a. zu negativ-feindlichen Personen, Übersiedlungsersuchenden und *»grenz- und kriminellgefährdeten Personen«*;
- zu Verbindungen außerhalb der DDR, insbesondere in nichtsozialistischen Ländern auch zu »dritten Personen«, Art und Häufigkeit der Verbindungen, Verhalten des DDR-Bürgers nach Reisen/Kontakten, Bestrebungen der Konspiration bei Verbindungen, Treffs mit Bürgern nicht-sozialistischer Länder im Ausland bzw. an der Transitstrecke,
- zu Hinweisen auf Geschenke (Genex), Erbschaften, Hinweise auf Verbindungen zu Bürgern, die die DDR ungesetzlich verließen, Hinweise auf Verbindungen zu Westmedien.

War die *»Tiefgründigkeit der Überprüfung«* gewährleistet, hatten sich keine negativen Ermittlungsergebnisse gezeigt, konnte die betreffende Person mit einer Aufenthaltsgenehmigung im Schutzstreifen zur Bundesrepublik oder im besonders gefährdeten Teil des Grenzgebiets zu Berlin (West) rechnen. Generell war das immer die Ausnahme, zumindest an der innerdeutschen Grenze. »Normale« Bürger erhielten in den seltensten Fällen eine (neue) Aufenthaltsgenehmigung.

Bürger, die vorübergehend ins Grenzgebiet einreisten, waren darüber hinaus an strenge Meldepflichten gebunden. Das belegt der Auszug aus der »Anordnung über die Ordnung in den Grenzgebieten und den Seegewässern der Deutschen Demokratischen Republik« vom 25. März 1982:

» *(1) Bürger, die in das Grenzgebiet einreisen, sind verpflichtet, sich*
a) bei einem Aufenthalt im Schutzstreifen von mehr als 12 Stunden unverzüglich nach der Einreise,
b) in der Sperrzone innerhalb von 12 Stunden nach Einreise, soweit der Aufenthalt 12 Stunden übersteigt, bei der zuständigen Meldestelle bzw. dem zuständigen Abschnittsbevollmächtigten der Deutschen Volkspolizei anzumelden und vor der Abreise abzumelden.
(2) Die Eintragung in das Hausbuch hat unverzüglich, unabhängig von der Aufenthaltsdauer, zu erfolgen. Bei der Eintragung ist die für den Aufenthalt im Grenzgebiet erforderliche Erlaubnis vorzulegen.
(3) Der Wohnungsgeber hat für Bürger, die sich bei ihm aufhalten und nach Abs. 1 meldepflichtig sind, die Nebenmeldepflicht gemäß den Bestimmungen der Meldeordnung zu erfüllen. [...]«

Der örtlich begrenzte und zeitlich befristete Aufenthalt im Grenzgebiet war dann weiterhin mit Auflagen versehen. Wenn das private Kraftfahrzeug benutzt werden durfte, hatte die An- und Abreise auf dem kürzesten Weg zu erfolgen. Das Kfz durfte nicht für Fahrten im Grenzgebiet außerhalb des Zielortes benutzt werden.

Dauerhafter Zuzug

Einen dauerhaften Zuzug in das Sperrgebiet prüften zuvor verschiedene Staatsorgane sehr gründlich. Die Erteilung (oder Verlängerung) der örtlich und zeitlich befristeten »Zuzugsgenehmigung« erfolgte durch die Volkspolizei, wenn sich keinerlei

Einwände wegen politischen oder moralischen Fehlverhaltens des Antragstellers ergeben hatten. Der zuständige Rat der Stadt oder Gemeinde musste dem Zuzug zustimmen. Bei Zuzug in den Schutzstreifen musste sogar die Genehmigung des Kommandeurs der Grenztruppen eingeholt werden. Einem katholischen Geistlichen beispielsweise wurde die Zuzugsgenehmigung 1972 verweigert, da er bei einer Wahl den Stimmzettel zerrissen hatte und nach Einschätzung des Referates Kirchenfragen bei der Abteilung Inneres im Rat des Kreises Heiligenstadt *»keine positive Einstellung zu unserem Staat einnimmt.«*

Zuzugsgenehmigungen wurden nach der Dienstvorschrift von 1982 grundsätzlich nicht erteilt an:

- Rückkehrer und Zuziehende aus nichtsozialistischen Staaten und West-Berlin,
- Ausländer,
- Personen, denen Aufenthaltsbeschränkung auferlegt wurde,
- Personen, durch deren Aufenthalt die Sicherheit im Grenzgebiet gefährdet wird (z. B. mehrfach Vorbestrafte; Personen, die aus Grenz- oder Sperrgebieten ausgesiedelt wurden; Personen, die den rechtswidrigen Versuch unternahmen, die Übersiedlung in das nichtsozialistische Ausland zu erreichen; ehemalige SS-Angehörige; unverbesserliche Nazis; ehemalige Ortsbauernführer usw.),
- Personen, für die ein unbefristeter Entzug der Genehmigung zum Aufenthalt im Grenzgebiet verfügt wurde.

Leichter war der Zuzug an der Grenze zu West-Berlin, aber auch hier nur in die weniger »gefährdeten« Gebiete, also nicht unmittelbar an Mauer und Grenze. Weniger anspruchsvoll waren die Überprüfungen dann, wenn jemand seinen Wohnsitz in der (Grenz-)Sperrzone oder im weniger gefährdeten Teil des Grenzgebiets zu West-Berlin nehmen wollte. Aber auch hier galt: Bei Zweifeln an der politischen Zuverlässigkeit wurde die Erlaubnis nicht erteilt.

Jedweder Aufenthalt im DDR-Grenzgebiet war also immer abhängig von den Genehmigungen der polizeilichen Stellen. Die Antragsteller hatten sich in der Regel einer Überprüfung

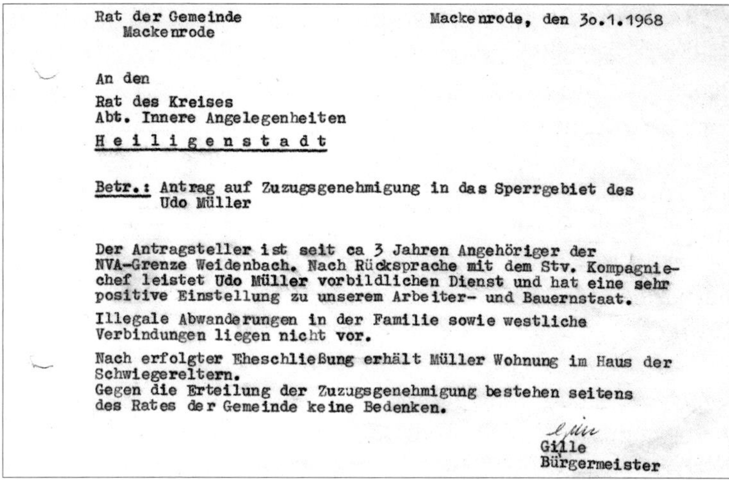
Rat der Gemeinde
Mackenrode

Mackenrode, den 30.1.1968

An den

Rat des Kreises
Abt. Innere Angelegenheiten
H e i l i g e n s t a d t

Betr.: Antrag auf Zuzugsgenehmigung in das Sperrgebiet des Udo Müller

Der Antragsteller ist seit ca 3 Jahren Angehöriger der NVA-Grenze Weidenbach. Nach Rücksprache mit dem Stv. Kompagniechef leistet Udo Müller vorbildlichen Dienst und hat eine sehr positive Einstellung zu unserem Arbeiter- und Bauernstaat.

Illegale Abwanderungen in der Familie sowie westliche Verbindungen liegen nicht vor.

Nach erfolgter Eheschließung erhält Müller Wohnung im Haus der Schwiegereltern.
Gegen die Erteilung der Zuzugsgenehmigung bestehen seitens des Rates der Gemeinde keine Bedenken.

Gille
Bürgermeister

Archiv der Gemeindeverwaltung Mackenrode

Eine Wohnsitznahme in der Sperrzone war stets an die Genehmigung verschiedener Staatsorgane gebunden.

ihrer Rechtschaffenheit zu unterziehen, wobei politische Faktoren eine besondere Rolle spielten. An diesem bürokratisch-politischen Genehmigungsverfahren waren die Volkspolizei mit ihren örtlichen »Abschnittsbevollmächtigten« (ABV), die Abteilungen für Inneres der Räte der Kreise sowie das Ministerium für Staatssicherheit (MfS) beteiligt.

Nach Möglichkeit sollten im Schutzstreifen nur handverlesene, mehrfach überprüfte und politisch »gestählte« Personen angesiedelt werden, im übrigen DDR-Grenzgebiet konnten auch Bürger wohnhaft werden, die »nur« bedingt loyal waren. Das wurde vor Ort, im Grenzgebiet, überprüft.

Abrisse im »Schussfeld«

Zu den Sicherungsmaßnahmen in den Grenzorten zählt auch der Abriss von unbewohnten Gebäuden und Einzelgehöften. Die

Maßnahmen dienten der Beseitigung von Unterschlupfmöglichkeiten potenzieller »Grenzverletzer«, zur Schaffung eines unbeeinträchtigten »Sicht- und Schussfeldes« sowie zur Gestaltung einer positiven »Westansicht«. Viele kulturhistorisch bedeutsame Bauten wie Herrenhäuser, Gutshöfe, Kapellen, Forsthäuser, Vorwerke, Mühlen etc. wurden als Folge der Grenzsicherung (wie zuvor durch Bodenreform und Zwangskollektivierung in der Landwirtschaft) zielgerichtet abgerissen oder gesprengt. Andere Gebäude überließ man durch dauernden Leerstand dem endgültigen Verfall, wenn sie nicht vom Westen einsehbar waren.

Renovierungen und Restaurierungen von denkmalgeschützten Objekten im Grenzgebiet kamen auch vor. Die Bezirksverwaltung Erfurt des MfS wollte dabei 1981 die Aufmerksamkeit besonders auf jene Gebäude richten, *»die gegenwärtig durch direkte Einsichtnahme Anlaß zur außenpolitischen Diskreditierung durch den Gegner geben könnten.«*

Sammlung Horst Zbierski

Das Dorf Wallhausen lag direkt an der Werra und damit an der »Staatsgrenze West der DDR«. Südlich der Kirche wurde im Mai 1987 als letzter Rest des Hanstein'schen Rittergutes Unterhof der »Zinsboden« abgerissen. Das Gotteshaus erfuhr eine grundlegende Renovierung nach engagiertem Bemühen der für die Denkmalpflege zuständigen Abteilung Kultur beim Rat des Kreises Heiligenstadt.

Geforderte Verhaltensweisen

Andere Direktiven aus den örtlichen Verwaltungen und in der »Grenzordnung« schrieben bestimmte »Verhaltensweisen im Grenzgebiet« fest, so unter anderem:

- alle Bürger, die sich im Grenzgebiet aufhalten, haben ständig gültige Personaldokumente bei sich zu führen;
- jegliche unmittelbare Kontaktaufnahme von DDR-Bürgern mit BRD-Bürgern jenseits der Grenzanlagen ist verboten;
- für alle Arbeiten in unmittelbarer Nähe der Staatsgrenze, unter Mitführung von Fahrzeugen und Geräten nur in dazu unerlässlichem Umfang besteht Genehmigungspflicht;
- Film-, Foto- und Fernsehaufnahmen im Schutzstreifen bedürfen der besonderen Genehmigung;
- Die Aufnahme von militärischen Objekten, Grenzsicherungsanlagen sowie Kontrolleinrichtungen ist verboten;
- Bewohnern des Schutzstreifens ist das Fotografieren aus privaten Gründen nur in geschlossenen Ortschaften gestattet, wenn keine Grenzsicherungsanlagen u. Ä. aufgenommen werden können;
- Die Festlegung der Anbaukulturen im Schutzstreifen bedarf der Zustimmung des zuständigen Kompaniechefs der Grenztruppen;
- Das Zelten und Übernachten in Kraftfahrzeugen, Wohn- und Campingwagen im Schutzstreifen und in der Sperrzone ist grundsätzlich verboten;
- Ausnahmslos jede Veranstaltung im Grenzgebiet bedarf einer vorherigen Genehmigung durch die örtlichen Behörden;
- Bürger, die sich im Grenzgebiet aufhalten, haben das Recht und die Pflicht, die Grenztruppen zu unterstützen, insbesondere Unregelmäßigkeiten zu melden;
- alle Gegenstände, wie z. Bsp. Leitern, die zum Übersteigen der Grenzanlagen geeignet sind, sollen in Gebäuden verwahrt oder im Freien angeschlossen werden;
- Türen und Tore von privaten und betrieblichen Grundstücken sind in der Nachtzeit und wenn niemand auf dem Grundstück

ist, verschlossen zu halten. Dasselbe gilt für Türen von nicht bewohnten Gebäuden, Garagen und Schuppen.

Handelte man gegen die vielen einzuhaltenden Auflagen, Vorschriften und Erwartungen, konnte man mit Ordnungsstrafen belegt werden. Häuften sich derartige Verstöße, war die Aufenthaltsgenehmigung im Sperrgebiet gefährdet.

Im Schutzstreifen waren die Vorschriften besonders einschränkend: So war der Aufenthalt in den Orten des Schutzstreifens zeitweilig nur zwischen Sonnenaufgang und Sonnenuntergang gestattet. Nach der abendlichen Sperrstunde durften anfangs ab 21.00 Uhr, später nach 23.00 Uhr die Dorf- und die Ortsverbindungsstraßen nicht mehr betreten werden.

Veranstaltungen im Schutzstreifen und mit überörtlichem Charakter in der Sperrzone bedurften der Zustimmung des Kommandeurs des zuständigen Grenzregiments. Landwirtschaftliche Arbeiten im unmittelbaren Grenzbereich erfolgten unter Bewachung durch Grenzposten.

Neu- oder Erweiterungsbauten, öffentliche Einrichtungen sowie volkswirtschaftliche Arbeiten konnten nur unter Auflagen durchgeführt werden. Generell waren die Verantwortlichen bestrebt, Betriebe aus dem Grenzgebiet ins Hinterland zu verlegen. Eine Zeit lang versuchte man, das Sperrgebiet zu entvölkern und verweigerte zum Beispiel Neubauten von Wohnhäusern. 1972 wies eine Direktive diesbezüglich aus: *»Die Durchführung von Neu- und Erweiterungsbauten im Schutzstreifen ist grundsätzlich nicht zulässig. In volkswirtschaftlich begründeten Ausnahmefällen entscheidet der Minister für Nationale Verteidigung auf Antrag der zuständigen Minister bzw. der Vorsitzenden der Räte der Bezirke.«*

Die Mehrheit der Grenzbevölkerung empfand diese Lebensweise unter aufgezwungenen Verhaltensweisen und täglichen Einschränkungen als einen Dauerausnahmezustand.

Vorteile

Wenige – bescheiden anmutende – Vorteile für die Bewohner des Grenzgebietes der DDR waren, dass »eine hohe Sicherheit und Ordnung« – wie immer wieder propagiert wurde – hier herrschten. An öffentlichen Veranstaltungen konnten nur Einwohner oder Besucher mit Passierscheinen teilnehmen; unerwarteter Besuch von außerhalb oder ungebetene »Gäste« – mit Ausnahme von Amtsträgern, die mit Dienstausweisen einreisen durften – konnten sich nicht einstellen. Es gab praktisch keine Kriminalität.

Die Bürger erhielten einen finanziellen Sperrzonen- oder Grenzzuschlag von bis zu 100 DDR-Mark zum Lohn oder Gehalt. Darüberhinaus gab es geringe Steuererleichterungen, Herabsetzung des Ablieferungssolls für LPG-Mitglieder und minimale monatliche Zuschläge zur Altersrente (zuletzt 5 DDR-Mark). Dadurch sollte das Leben im Grenzgebiet ein wenig erträglicher und angenehmer gemacht werden.

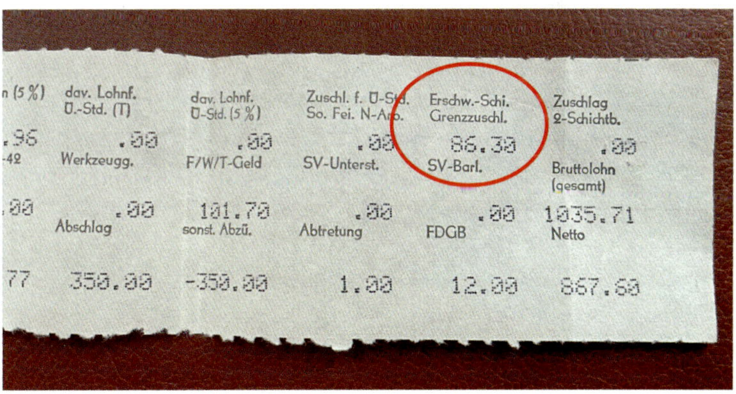

n (5 %)	dav. Lohnf. Ü.-Std. (T)	dav. Lohnf. Ü-Std. (5 %)	Zuschl. f. Ü-Std. So. Fei. N-Arb.	Erschw.-Schi. Grenzzuschl.	Zuschlag 2-Schichtb.
.96	.00	.00	.00	86.30	.00
-42	Werkzeugg.	F/W/T-Geld	SV-Unterst.	SV-Barl.	Bruttolohn (gesamt)
.00	.00	101.70	.00	.00	1035.71
	Abschlag	sonst. Abzü.	Abtretung	FDGB	Netto
77	350.00	-350.00	1.00	12.00	867.60

Sammlung Torsten W. Müller

Lohnstreifen eines Arbeiters mit »Grenzzuschlag« von 86,30 Mark, 1987.

Eine bessere Versorgung der Grenzbevölkerung mit Waren des täglichen Bedarfs blieb im Wesentlichen eine gut gemeinte Absichtserklärung der dafür zuständigen Abteilungen Handel- und Versorgung der Grenzkreise. Vereinzelt wurden sehr überschaubare Mengen an Südfrüchten in die Verkaufsstellen des Schutzstreifens geliefert, für deren möglichst gerechte Verteilung die Verkaufsstellenleiter zu sorgen hatten. Ausreichend Spirituosen und gelegentliche Sonderbelieferungen mit besserem Bier sollten die Einschränkungen im Schutzstreifen erträglicher gestalten.

Die Einschränkungen an Lebensqualität wogen diese Vergünstigungen nicht auf, da zum Beispiel die Versorgung mit Waren des täglichen Bedarfs und mit Dienstleistungen bis in die 1980er-Jahre, im Vergleich zum Inneren der DDR, unzureichend blieb.

In einem mündlichen Bericht vom 4.7.1986 erläuterte IMS »Kurt Hosta« seinem Führungsoffizier über die Versorgungslage im Eichsfeld: *»Der IM informierte, daß die Versorgung der Bevölkerung in Grenzgebiet mit frischem Gemüse absolut nicht funktioniert. Die Verkaufsstellen des Südeichsfeldes bekommen keinen Blumenkohl, Kohlrabi, Zwiebeln u. a. In einem Gespräch des IM mit dem Mitarbeiter XXX vom OGS [Obst-Gemüse-Speisekartoffeln] Heiligenstadt, teilte der XXX mit, daß die Kraftfahrer vom OGS nicht alle Ortschaften anfahren um frisches Gemüse anzubieten. Das stelle eine zu große Belastung für die Kraftfahrer und Beifahrer dar. Gegenwärtig werden beim OGS Stachelbeeren angekauft. Der OGS hat soviel Stachelbeeren, daß sie auf die Müllhalde geschüttet werden, um sie los zu werden.«*

Zwangsaussiedlungen

Wegen unterstellter »politischer Unzuverlässigkeit« wurden 1952 etwa 8.000 Personen aus dem gesamten Grenzgebiet an der »Staatsgrenze West« zwangsausgesiedelt. Die Aktion war vom SED-Regime stabsmäßig vorbereitet und geplant worden. Der Tarnname des Geheimunternehmens war »Aktion Ungeziefer«. 1961 kam es zu einer weiteren Zwangsaussiedlung von mehr als 3.000 Personen aus dem Grenzgebiet: die Aktion wurde »Festigung« oder im Erfurter Bereich auch »Kornblume« genannt. Zahlreiche Familien wurden gegen ihren Willen aus ihrer Heimat in das Landesinnere verbracht. Das Anliegen des SED-Staates war es, das Grenzgebiet undurchlässiger zu machen und hierzu *»politisch unzuverlässige«* Bürger, *»reaktionäre Elemente«* oder auch Grenzgänger zu entfernen. Als Begründung für eine Aussiedlung finden sich in den Akten folgende Aspekte: *»hat vollkommen negative Einstellung zu unserem Staat«, »verherrlicht laufend die Verhältnisse in Westdeutschland«, »hört eifrig RIAS«, »beschimpft LPG-Bauern als Feiglinge«, »sieht Westfernsehen«, »erlangte persönliche Vorteile und Geld durch Einsatz seiner Dreschmaschine«* oder *»war Ortsbauernführer der NSDAP und hat seine faschistische Einstellung nicht geändert«.*

Die Aussiedlung politisch unliebsamer Menschen aus dem Grenzgebiet der DDR 1952 betraf auch die Gruppe der Lehrerinnen und Lehrer, die an den damals noch zahlreich vorhandenen Grundschulen der Dörfer unterrichteten. Die Pädagogen auf dem Lande waren bei der Umstellung des ländlichen Bildungswesens mit politischen Erwartungen konfrontiert worden, die von ihnen aktiv vertreten werden mussten. Sie wurden damit zu Repräsentanten des harten Machtanspruchs der SED. Doch nicht in jedem Falle war die vom

SED-Regime vorgeschriebene Staatstreue den Lehrern Bedürfnis. So waren im vorwiegend katholischen Eichsfeld zum Beispiel viele Lehrer tätig, die vor dem Unterricht mit ihren Schülern beteten, sich stets ein sehr gutes Verhältnis zum Ortspfarrer bewahrten und sogar gemeinsame Ausflüge mit ihm unternahmen.

Dem SED-Regime waren diese katholischen Lehrer ein Dorn im Auge, denn sie trugen nicht dazu bei, das Eichsfeld nach den Vorgaben der Partei umzugestalten. Vor allem einer Politisierung der Schule und der Durchsetzung des Erziehungsmonopols des Staates standen diese Pädagogen im Wege. Deshalb wurden im Juni 1952 zahlreiche Lehrer im Zuge der »Aktion Ungeziefer« aus dem Sperrgebiet zwangsausgesiedelt und in das Landesinnere strafversetzt. Diese Umsiedlungen wurden jedoch als »offizielle Versetzung« des Ministeriums für Volksbildung getarnt. Als Ersatz schickte das Volksbildungsministerium (vermeintlich) linientreue, »politisch feste« SED-Mitglieder in die Grenzdörfer.

Die Immobilienwerte der Ausgesiedelten wurden von den SED-Behörden geschätzt und gegen eine Entschädigung enteignet. In nur wenigen Fällen konnten die Betroffenen wieder in ihre Heimat zurückkehren. Manchmal erlaubte man einen Tagesaufenthalt zu Familienfeiern, Beerdigungen usw. Bei fast allen Opfern dieser beiden »Aktionen« an der innerdeutschen Grenze bedeuteten die Zwangsaussiedlungen schwere Traumatisierungen, die selbst in den nachfolgenden Generationen noch nachwirken. Rechtsmittel gegen diese Maßnahmen waren praktisch nicht vorhanden; Eingaben gegen die Ausweisung an übergeordnete Stellen wurden meist abschlägig beschieden. In Rüstungen im Eichsfeld etwa stellte der Ortspfarrer Richard Barthelmes im Januar 1957 beim Rat des Kreises Heiligenstadt einen Antrag auf Rückkehr des zwangsevakuierten Tischlermeisters Karl Stützer. Das Bischöfliche Kommissariat in Heiligenstadt und auch der komplette Rat der Gemeinde Rüstungen hatten zugestimmt. Diesem Antrag wurde jedoch nicht stattgegeben.

Aber auch über das Jahr 1961 hinaus kam es zu Zwangsaussiedlungen. »Politisch labilen Elementen«, die im Grenzgebiet wohnten, konnte die Genehmigung zum Aufenthalt unbefristet entzogen werden (das galt auch für Familienangehörige, die im gleichen Haushalt lebten). Die Verantwortung dafür lag bei dem »Stellvertreter des Vorsitzenden für Inneres der Räte des Grenzkreises«, also einem mittleren Staatsfunktionär (und gelegentlich »Offizier im besonderen Einsatz«/OibE des MfS). Dieser sollte das Verfahren der Ausweisung in Zusammenarbeit mit den Leitern der VPKA und der MfS-Kreisdienststellen in die Wege leiten – nach Prinzipien strikter Geheimhaltung. Die Ausweisung erfolgte innerhalb einer Woche nach Bekanntgabe; Einspruchsmöglichkeiten dagegen waren nicht vorgesehen. Abschließend wurde festgelegt: *»Durch die Stellvertreter der Vorsitzenden für Inneres der Räte der Grenzkreise ist darauf Einfluß zu nehmen, daß der im Grenzgebiet frei werdende Wohnraum nur politisch zuverlässigen Bürgern zugewiesen wird.«*

Willi Klöppner

Schilder und Schlagbäume markierten das Grenzgebiet der DDR bis 1989.

Die Haupt- und Unterstützungskräfte des Grenzregimes

Eine »Direktive zur Arbeit im Grenzgebiet der Staatsgrenze zur Bundesrepublik Deutschland, zu Berlin (West) und an der Küste der DDR« (Beschluss des Sekretariats des ZK der SED vom 7. April 1982) sollte eine Art politisch-ideologischen Überbau für die *»Vervollkommnung der Zusammenarbeit«* von Grenztruppen, örtlichen Partei- und Staatsorganen, gesellschaftlichen Organisationen, Betrieben, Genossenschaften und Einrichtungen sowie der »Bevölkerung im Grenzgebiet« liefern. Auf diese »Grenzdirektive« beriefen sich in den 1980er-Jahren leitende Partei- und Staatsfunktionäre, wenn es galt, das Zusammenwirken anzumahnen und die DDR-Grenzsicherung »massenwirksam« zu verankern. Polizei, staatliche Dienststellen und MfS verfügten darüber hinaus über gegenseitige Abmachungen, sich wechselseitig zu unterstützen bzw. zu ergänzen – unter der »Oberaufsicht« des MfS.

Grenztruppen der DDR

Während der Existenz der Grenze auf deutschem Boden gab es verschiedene Bezeichnungen, Zuständigkeiten und Strukturen der »Grenzsicherungsorgane«. Zunächst bestimmte die sowjetische Besatzungsmacht die Geschicke in ihrer Zone, wozu auch der »Schutz« der Zonengrenze gehörte. Mit der Gründung der DDR 1949 wurde die am 1. Dezember 1946 ins Leben gerufene (Deutsche) Grenzpolizei zum »Grenzschutzorgan« des neuen Staates. Am 12. September 1961 befahl Staatschef

Walter Ulbricht, die Eingliederung der bisherigen Deutschen Grenzpolizei in die Nationale Volksarmee vorzunehmen. Von nun an wurden die Formationen als »Kommando Grenze der Nationalen Volksarmee« oder »Grenztruppen der NVA« (GT) bezeichnet.

Für das Ausbildungsjahr 1962 erfolgte erstmals die Aufgabenstellung der Grenztruppen durch das Ministerium für Nationale Verteidigung mit Befehl Nr. 101/61, der beinhaltete, die Hauptaufgaben auf die Sicherung des 500-Meter-Schutzstreifens zu konzentrieren. Das war neu, denn bisher hatte die vormalige Deutsche Grenzpolizei auch Sicherungsaufgaben in der gesamten Fünf-Kilometer-Sperrzone wahrzunehmen. Festgelegt wurde nun, dass die Grenztruppen allein für die Sicherheit und Ordnung im 500-Meter-Schutzstreifen und die »Organe der Volkspolizei« in der Fünf-Kilometer-Sperrzone die volle Verantwortung trugen.

Jede Grenzkompanie, die in der Nähe des Schutzstreifens in massiven Bauten untergebracht war, hatte einen Grenzabschnitt von 15 bis 20 Kilometern zu sichern. Eine Kompanie bestand aus der Kompanieführung mit in der Regel einem Major an der Spitze und zwei Stellvertretern, dem für die Einsatzbereitschaft (Waffen, Fahrzeuge, Nachrichten, Hunde) und für die Versorgung zuständigen Kompanietrupp sowie aus drei bis vier Zügen von jeweils zwei Gruppen Grenzsoldaten.

Von der Kompanie war jeweils ein Zug zwischen 6 und 12 Stunden im Grenzdienst eingesetzt. Ein Zug setzte sich aus dem Zugführer im Offiziers- oder Fähnrich-Rang, seinem Stellvertreter (Feldwebel), zwei Gruppenführern (Unteroffiziere) und jeweils sieben bis acht Soldaten zusammen. Die Postenpaarungen und die Auftragserteilung erfolgten erst kurz vor dem Ausrücken. Die aus dem Postenführer und einem Soldaten bestehenden Streifen hatten auf dem Kolonnenweg zu patrouillieren oder bestimmte Postenpunkte zu besetzen und sich in regelmäßigen Abständen über das Grenzmeldenetz (GMN) bei der Führungsstelle zu melden. Sie waren mit einer MPI »Kalaschnikow« bewaffnet und führten einen Telefonhörer für

Bundesarchiv, Bild 183-D0218-0007-04, Ulrich Kohls

Zwei Grenzsoldaten im Bezirk Erfurt führen ihren Dienst an einem Posten am Grenzlauf der Werra aus, 1965.

das GMN, einen Feldstecher, eine Taschenlampe, eine Signaltasche für die Handleuchtzeichen, eine Verpflegungstasche sowie gegebenenfalls einen Regenumhang mit sich. Mit Hilfe der Handleuchtzeichen konnten die Posten Hilfe herbeirufen. Die Bedeutungen der einzelnen Handleuchtzeichen waren in der von den Posten mitzuführenden Postentabelle vermerkt und wurden in gewissen Zeitabständen geändert. Die Staatsgrenze der DDR zur Bundesrepublik wurde also rund um die Uhr bewacht.

Die an der Demarkationslinie in Kasernen stationierten Grenzkommandos, -regimenter, -bataillone und -kompanien konnten – wie auch Kräfte der Volkspolizei – zu Kontrollzwecken die Gebäude und Grundstücke im Grenzgebiet jederzeit betreten. Sie bemühten sich mit unterschiedlichem Erfolg, zur einheimischen Bevölkerung im Grenzgebiet gedeihliche Beziehungen herzustellen. Längst nicht überall, schon gar nicht in den 1950er-Jahren, wurden die Angehörigen der Grenzsicherungskräfte freundlich aufgenommen. Im Gegenteil: Zunächst lehnte ein Teil der Grenzbevölkerung den Kontakt zu den Grenzpolizisten ab, da man den »Schutz der Staatsgrenze« nicht für zwingend notwendig hielt. Es kursierte der Satz: *»Die größte Landplage sind die Wildschweine und die Grenzer«.* Mit den Jahren und Jahrzehnten entwickelte sich ein geregeltes Nebeneinander, seltener ein echtes Miteinander. Von Vorteil war es, wenn die Chefs der Grenzkompanien lange an einem Ort verblieben und ihrerseits den Kontakt zu den maßgeblichen »Honoratioren« suchten, dann kamen auch engere persönliche Kontakte und sogar Freundschaften zustande.

Außerdem heirateten häufiger Berufssoldaten der Grenztruppen einheimische Frauen und wurden auf Dauer, auch nach ihrer Verabschiedung aus dem aktiven Dienst, im Grenzgebiet ansässig, was die Verantwortlichen nicht ungern sahen. Die einfachen Soldaten (Wehrpflichtigen) der Grenztruppen lernten meistens nur die örtlichen Gaststätten näher kennen und trafen dort auf wenige junge Frauen, die bereit waren, engere Kontakte einzugehen.

Durch verordnete »Partnerschaftsbeziehungen« der Einheiten mit einheimischen Betrieben und Genossenschaften kamen die Bürger ferner mit Angehörigen der Grenztruppen »ihrer« Grenzkompanie zusammen, auch durch freiwillige Arbeits- und Ernteeinsätze von Angehörigen der Grenztruppen in Betrieben und LPG ergaben sich Treffen mit der Grenzbevölkerung.

Aus naheliegenden Gründen wurde der Einbeziehung der »Jugend« besondere Aufmerksamkeit zuteil. Eine Direktive der FDJ, der Pionierorganisation und der Gesellschaft für Sport und Technik (GST) vom 31. Dezember 1982 zur Arbeit im Grenzgebiet verlangte, dass vor allem FDJ und GST in Orten des Grenzgebietes aktiv werden sollten, um einen Beitrag zur politisch-ideologischen Wehrerziehung zu leisten. So wurden zum Beispiel Offiziere, Fähnriche, Berufsunteroffiziere und geeignete Unteroffiziere auf Zeit der Grenztruppen als Leiter von Arbeitsgemeinschaften »Junge Freunde der Grenzsoldaten« an den Schulen gewonnen, FDJ-Bewerberkollektive für militärische Berufe von den Grenztruppen unterstützt und *»eine emotional wirksame Nutzung des Jahrestages der Grenztruppen (1. Dezember) für die wehrpolitische Erziehung der Kinder und Jugendlichen des Grenzgebietes«* gesichert. Darüber hinaus wurden annähernd 400»Partnerschaftsbeziehungen« zwischen den Grenztruppen und den Partei- und Staatsorganen, gesellschaftlichen Organisationen, Betrieben, Genossenschaften und Einrichtungen als *»ein Beweis der Lebenskraft der engen Bindungen der Grenztruppen zur Bevölkerung im Grenzgebiet«* angeführt.

Daneben organisierten die Grenztruppen und die örtlichen Behörden gelegentlich Feste und kulturelle oder sportliche Veranstaltungen; insgesamt existierte kein feindseliges Verhältnis zwischen Grenztruppen und Bevölkerung.

Deutsche Volkspolizei

Die Volkspolizei stand bei der Überwachung der Bevölkerung in den Grenzgebieten an erster Stelle. Sie war flächendeckend tätig, unter anderem vertreten durch einen Abschnittsbevollmächtigten der Deutschen Volkspolizei (ABV) in nahezu jedem Grenzort, der für die polizeilichen Aufgaben im Gemeindegebiet zuständig war. Seine Aufgaben waren die Grenzgebietsüberwachung, der Streifendienst, die Anfertigung von Einschätzungen über Bewohner seines Abschnitts, die Aufnahme und Weiterleitung von Anzeigen und Passierscheinanträgen, die An- und Abmeldung zeitweiliger Besucher nebst Kontrolle der Hausbücher sowie die Kontrolle staatlich beauflagter Personen. Unterstützung erhielten die ABV durch »linientreue« Zivilisten: die »Freiwilligen Helfer der

Volkspolizei«, die in nicht geheimen Angelegenheiten unterstützend tätig werden konnten.

Die Kreisämter der Deutschen Volkspolizei wurden angewiesen, *»jederzeit eine Übersicht aller sich im Grenzgebiet des Zuständigkeitsbereiches aufhaltenden meldepflichtigen Personen«* vorzuhalten. Dafür wurden in »Hausbüchern« auch Besucher mit ihren Meldedaten eingetragen.

Gegen politisch Verdächtige wurden Kräfte des »Arbeitsgebiets I« (K I) der Kriminalpolizei eingesetzt, die eigene »Inoffizielle Kriminalpolizeiliche Mitarbeiter« (IKM) für Spitzeltätigkeiten rekrutierten. Diese Abteilung hatte den Charakter einer politischen Polizei und arbeitete besonders eng mit dem MfS zusammen. In den Grenzkreisen unterhielt die Volkspolizei »Gruppenposten/Grenze«, die offene Überwachungsaufgaben wahrnahmen und z. B. die Zufahrtswege zum Grenzgebiet kontrollierten.

In den Personalkarteien der Volkspolizei-Kreisämter (VPKA), in denen alle Bürger aufgeführt waren, befanden sich auch Hinweise auf politische Auffälligkeiten, Westverwandtschaft und/ oder -kontakte sowie Vorstrafen. War man einmal kriminalpolizeilich registriert – mit einem »K-Vermerk« in den Akten – konnte man sich als Einwohner des Grenzgebiets keinerlei Hoffnung mehr auf eine Erlaubnis für einen Besuch aus dem Innern der DDR machen. Derartige Anträge wurden dann ohne jede Begründung abgelehnt. Der Grenzeinwohner war nunmehr aber auch selbst gefährdet, denn die Verantwortlichen konnten unliebsamen Personen im Ausnahmefall ohne Strafverfahren oder Vorstrafe die Aufenthaltsgenehmigung im Grenzgebiet entziehen. Das sah eine »Geheime Verschlusssache« des DDR-Innenministeriums aus den 1970er-Jahren vor, die *»Grundsätze zur Regelung von Fragen der Wohnsitzverlegung von Bürgern aus dem Grenzgebiet an der Staatsgrenze der DDR zur Bundesrepublik und zu West-Berlin in andere Orte«* enthielt.

Unterstützungskräfte

Über Jahrzehnte hinweg verfolgten die politisch Verantwortlichen dieses Ziel: Die Grenzbevölkerung sollte zumindest loyal zum System stehen. Anfang der 1980er-Jahre erhöhte man die Anforderungen: § 20 des Grenzgesetzes vom 25. März 1982 machte die *»Mitarbeit der Bevölkerung«* bei der Erfüllung von *»Aufgaben zum Schutz der Staatsgrenze«* zur Pflicht. Grenzdirektive der SED und Grenzgesetz der DDR verordneten eine neue Qualität von *»politisch-moralischer Einheit«* für Grenzbevölkerung und Grenztruppen, höhere Offiziere verkündeten, dass die Bürgermitwirkung bei der Grenzsicherung *»Ausdruck realer Demokratie und wahrer Freiheit«* sei.

Welche Hinweise gab es tatsächlich auf eine (angeblich) gewachsene Bereitschaft, sich mehr als bislang an der Grenzsicherung zu beteiligen?

Die Verantwortlichen verwiesen darauf, die verstärkte Bereitschaft sei in der Tätigkeit von 5.000 Bürgern in »Grenzsicherheitsaktiven« (GSA) und in der Mitarbeit von 7.000 »Freiwilligen Helfern der Grenztruppen« (FHG) zu erkennen. Allerdings bildeten diese 12.000 Bürger – gemessen an der Gesamtbevölkerung im DDR-Grenzgebiet, die bei 200.000 Einwohner lag – eine kleine Minderheit von sechs Prozent.

Als »freiwillige Helfer« wollte man zwischen sechs und neun Prozent der Gesamteinwohnerschaft im DDR-Grenzgebiet gewinnen; das wurde nie erreicht, da es offensichtlich nicht genügend zuverlässige Leute gab. Freiwillige Helfer konnten sich zwar selbst zur Mitarbeit bei den Grenztruppen melden, doch wurden in erster Linie nur ehemalige Angehörige der bewaffneten Organe genommen oder bestimmte Kandidaten von der SED vorgeschlagen. Nicht geworben werden durften: Partei- und Staatsfunktionäre, freiwillige Helfer der Volkspolizei, Angehörige der freiwilligen Feuerwehr und der »Kampfgruppen« sowie Personen, die Verwandte ersten Grades in der Bundesrepublik bzw. in West-Berlin hatten. Damit war der Kreis der FHG-Kandidaten von vornherein stark eingeschränkt. Was waren die Aufgaben dieser Unterstützungskräfte?

Als zivile Helfer der Grenztruppen dienten die »Freiwilligen Helfer der Grenztruppen«, die v. a. aus in Grenzorten wohnenden Reservisten der NVA rekrutiert wurden und monatlich abends um die zwei Stunden Streifendienst in Uniform, aber ohne Waffe leisteten. Die Einsatztage und -stunden orientierten sich an den »Schwerpunktzeiten« der »Grenzverletzerbewegung«, der Einsatz wurde von der örtlichen Grenzkompanie organisiert. Auf Grund ihrer Orts- und Personenkenntnisse waren die FHG in der Lage, denkbare Verstecke für »Grenzverletzer« rechtzeitig zu erkennen und Einheimische von Ortsfremden zu unterscheiden. FHG konnten durchaus als »Auge und

Bundesarchiv, Bild 183-62162-0006, Günter Weiß

Neben offiziellen Mitarbeitern griff die DDR auch häufig auf Freiwillige zurück. Hier sieht man einen ehrenamtlichen Helfer, welcher einem Volkspolizisten bei einer Verkehrskontrolle assistiert.

Ohr« der Grenztruppen gelten. Ihre Hauptaufgabe bestand allerdings nicht in der Festnahme von »Grenzverletzern«, sondern lediglich in deren Erkennung; die Festnahmen erfolgten dann in der Regel durch die Volkspolizei.

Der Dienst in den FHG-Gruppen war wenig attraktiv und erfolgte unentgeltlich, lediglich Prämien und Auszeichnungen konnten die Helfer erhalten. Die Hauptaufgabe der ortskundigen Helfer war es, *»besondere Vorkommnisse«*, die die Ordnung und Sicherheit gefährdeten oder als *»Angriffe auf die Staatsgrenze«* gedeutet werden könnten, zu melden. Erforderliche Meldungen setzten die im Schutzstreifen eingesetzten FHG über das »Grenzmeldenetz« ab. Ihre wichtigste Funktion lag also in der Erfüllung von Wachdiensten im Grenzvorfeld.

Außergewöhnliche Erfolge waren den FHG nie beschieden, ebenso wenig wie der Grenzbevölkerung insgesamt. Weniger als zehn Prozent der Festnahmen von »Grenzverletzern« gingen auf ihr Konto, wurden durch »Hinweise« von FHG und/oder einzelnen Bürgern veranlasst. Zwei Drittel der potenziellen »Grenzverletzer« erkannten Kräfte der Volks- und Transportpolizei, der Anteil der Grenztruppen lag bei 25 Prozent.

Wo wurden 1988 die Grenzübertritte verhindert?
Im Zeitraum vom 1. Januar bis 31. Dezember 1988 wurden vorbereitete und versuchte »ungesetzliche Grenzübertritte« von 2.312 Bürgern der DDR verhindert, davon beabsichtigten die Staatsgrenze zur Bundesrepublik 1.394, zu Westberlin 719 und die Küste 199 Personen zu überwinden. In 25 Fällen erfolgte zur Verhinderung von »ungesetzlichen Grenzübertritten« durch Angehörige der Grenztruppen die Anwendung der Schusswaffe. 29 Personen wurden nach Abgabe von Warnschüssen durch die Grenzposten festgenommen, 10 Personen gelangten trotz Schusswaffenanwendung nach der Bundesrepublik bzw. West-Berlin.

Die Verhinderung der Grenzübertritte erfolgte

Gebiet	Personen	Anteil in %
auf den Anmarschwegen	1.369	59,2
in den Grenzgebieten	629	27,2
am Heimatort	217	9,4
an Grenzübergangsstellen	97	4,2

Unter diesen Personen befanden sich 483 Übersiedlungsersuchende, 715 Vorbestrafte und 338 Personen ohne Arbeitsrechtsverhältnis.

Unter den Personen, die die DDR durch Überwindung der Grenzsicherungsanlagen ungesetzlich verlassen haben bzw. fahnenflüchtig wurden, befanden sich 14 Angehörige der Grenztruppen der DDR. Dabei handelte es sich um einen Offizier, drei Unteroffiziere und zehn Soldaten.

Im Jahre 1988 war damit die bisher höchste Anzahl verhinderter und vollendeter ungesetzlicher Grenzübertritte seit dem Jahre 1985 – Anstieg auf 225 % – festzustellen.

Neben den »offiziellen« FHG, die Uniformen der Grenztruppen (ohne Rangabzeichen) trugen, gab es noch etwa 1.000 FHG, die vom MfS verpflichtet und geführt wurden. Diese setzte man im DDR-Grenzgebiet in erster Linie auf unzuverlässige Personen an, die im Verdacht standen, republikflüchtig zu werden. Außerdem hatten diese MfS-FHG ihre Führungsoffiziere über Denkgewohnheiten und das Meinungs- und Stimmungsbild der Grenzbevölkerung zu informieren. In ihrer »Qualität« waren sie damit den »Inoffiziellen Mitarbeitern« (IM) des MfS im Grenzkreis vergleichbar, die (außerdem) in hoher Dichte von den Kreisdienststellen des Ministeriums geführt wurden.

Viermal im Jahr, in der Regel zweimal pro Halbjahr, veranstalteten die für die DDR-Grenzsicherung Verantwortlichen »Testhandlungen«. Angehörige der bewaffneten Organe wurden dann in Zivil als »Sperrbrecher« in Pkws in Richtung Grenze geschickt mit dem Auftrag, Verkaufsstellen, Postämter und Gaststätten im Grenzgebiet anzufahren, dort Fragen nach dem Weg zur Grenze zu stellen und sich mehr oder weniger auffällig im Gelände zu bewegen. Auch Kontrollstellen der Volkspolizei und/oder der Grenztruppen waren anzufahren. Das alles hatte zum Ziel, in Erfahrung zu bringen, ob auf die Bürger Verlass war. Zur Bestürzung der leitenden Grenzoffiziere und Staatsfunktionäre war das aber längst nicht immer der Fall: Man »übersah« die scheinbaren »Grenzverletzer« und meldete kein »Vorkommnis«.

»Freiwilligen Helfer der Grenztruppen« (FHG) und Helfer der Volkspolizei (VPH) im Grenzgebiet des Kreises Nordhausen 1988:

Stadt/ Gemeinde/ Ortsteil	Einwohnerzahl	FHG	VPH
Rothesütte	129	9	15
Sülzhayn	1.421	14	37
Ellrich	4.041	20	18
Ellrich Ost	220	—	—
Ellrich Gleysingen	30	—	—
Gudersleben	280	11	30
Liebenrode	312	7	10
Linerode-Steinsee	30	—	1
Obersachswerfen	109	3	4
Branderode	234	1	10
Klettenberg	410	13	21
Mackenrode	622	7	23
Limlingerode	327	11	10

Offene Informanten

Das vielfältig verdeckt arbeitende Überwachungssystem in den Grenzgemeinden wurde durch »Offene Informanten« ergänzt. Diese wurden vom Chef der Grenzkompanie in einer Liste geführt, die einmal jährlich mit der Volkspolizei und dem MfS abzustimmen war. Der geworbene Bürger unterschrieb die Liste und bekam dann eine Telefonnummer mitgeteilt, die zumeist zu einem »Grenzaufklärer« gehörte. Bei »Unregelmäßigkeiten« hatte der Betreffende anzurufen. Unter den »Offenen Informanten« (der DDR-Grenztruppen) befanden sich Gaststättenleiter, Postbedienstete, Kraft- und Busfahrer des »VEB Kraftverkehr« sowie Traktoristen von LPGs und Verkäuferinnen und Angestellte von Betrieben im Grenzgebiet.

Jäger

Der Einsatz der freiwilligen Helfer der Grenztruppen war allgemein bekannt. Weniger bekannt war die seit Jahren bewährte Form des Einsatzes von Jagdkollektiven zur Absicherung der Grenze. Diesbezüglich wurden entsprechende Vereinbarungen zwischen dem VPKA und der Kreisjagdbehörde getroffen. Die Planung des Einsatzes der Kollektivjäger erfolgte über den Jagdgruppenleiter bis zum 20. des Monats für den Folgemonat in Abstimmung mit dem zuständigen Kompaniechef für minimal acht Stunden im Sinne der Grenzsicherung, allerdings in Verbindung mit der Jagdausübung. Ihr Einsatz an der Grenze war gleichermaßen Bestandteil der wöchentlichen Kräftekoordinierung der Kompaniechefs mit den anderen Sicherheitsorganen.

Die Jäger konnten vor allem auch Versteckmöglichkeiten (Bungalows, Scheunen, Betriebe) von potentiellen »Grenzverletzern« bei ihren Jagden regelmäßig kontrollieren. Über den IM »Hirsch« heißt es 1971 von seinem Führungs-IM (FIM) in einem Arbeitsauftrag: *»Diese beiden Objekte werden durch*

›Hirsch‹ unter Kontrolle gehalten. Entsprechend seines Auftrages berichtet er mir ständig über das Ergebnis der Überprüfungen. Die Kontrollen erfolgen wöchentlich einmal, ohne Auftrag. Bei Fahndungsmaßnahmen erfolgt dieses zusätzlich sofort, so wurden zum Beispiel am Freitag, den 23.1.71 und am 26.1.71 diese genannten Objekte mehrmals überprüft. Desweiteren hat ›Hirsch‹ den Auftrag die 3 Schutzhütten der Waldarbeiter im Brandholz (Stadtwald Bad Sooden-Allendorf) unter Kontrolle zu halten. Diese Überprüfungen werden in Ausübung seiner Jagd und seinen Hegegängen vorgenommen.«

Grenzsicherheitsaktive

Um Teile der Grenzbevölkerung in die Grenzsicherungsmaßnahmen einzubeziehen, veranlassten die Verantwortlichen in den 1980er-Jahren verstärkt die Bildung von »Grenzsicherheitsaktiven« (GSA). Dabei unterschied man zwei Typen: den GSA der »Ständigen Kommissionen für Ordnung und Sicherheit« bei den örtlichen Volksvertretungen (also bei Gemeinden, Gemeindeverbänden, Städten, Stadtbezirken und Kreisen) und den GSA in Betrieben, Einrichtungen, Genossenschaften, Schulen, Wohnbezirken und Kleingartenanlagen.

Für den ersten Typ hatte der DDR-Staatsrat am 1. Mai 1983 eine »Richtlinie« als »Vertrauliche Dienstsache« herausgegeben, für den zweiten Typ gab es eine »Dienstsache« des DDR-Ministerrats unter der Überschrift »Empfehlungen zur Bildung und Arbeitsweise von GSA...«

Beide Typen – und darin lag ihre Bedeutung – erhielten Befugnisse, in Angelegenheiten der Grenzsicherung auf der Ebene nachgeordneter Behörden und sicherheitsrelevanter Betriebe unmittelbar in Grenznähe vorbeugend tätig zu werden. Den GSA wurden (zusätzliche) Kontrollbefugnisse eingeräumt, um die Ordnung und Sicherheit im Grenzgebiet zu gewährleisten. Sie sorgten sich z. B. um die Verschlusssicherheit von Gebäuden und Fahrzeugen, um die »Schlüsselordnung« der Betriebe im Grenzgebiet, um die Aufbewahrung von Gegenständen, die möglicherweise zur Überwindung von Grenzsicherungsanlagen geeignet waren, sowie um den »richtigen Schnitt« von Gehölzen im Grenzvorfeld (wenn der Betrieb direkt an der Grenze lag).

Politisch gewichtiger als die GSA der Betriebe waren die GSA der örtlichen Volksvertretungen, die die Betriebs-GSA anleiteten und beaufsichtigten. Die SED versuchte, die GSA untereinander zu »Wettbewerben« zu veranlassen – augenscheinlich mit mäßigem Erfolg.

Die GSA, in denen 5.000 Bürger mitwirkten, blieben ein zweitrangiges Instrument zur DDR-Grenzsicherung, das allenfalls eine gewisse propagandistische Funktion erfüllte, weil es die »Werktätigen« in den Grenzbetrieben mit den entsprechenden Vorschriften nervte.

Ministerium für Staatssicherheit

Im Grenzgebiet arbeitete das Ministerium für Staatssicherheit (MfS) in verstärktem Maße und setzte dabei auf eine enge Zusammenarbeit mit anderen staatlichen Organen, wie etwa der Volkspolizei.

Unter der Oberhoheit des MfS wurden alle Belange, die mit Passierscheinen, mit Aufenthaltsgenehmigungen (»Wohnsitznahme«) und mit anderen Erlaubnissen, die Fragen der DDR-Grenzsicherung berührten, im Zusammenhang standen, bearbeitet. In wichtigen Angelegenheiten wurde das MfS selbst tätig, in nachgeordneten Dingen beaufsichtigte das MfS die *»Kräfte des Zusammenwirkens«* im Grenzgebiet, leitete diese – zumindest indirekt – an und durchsetzte die »Organe« mit »Inoffiziellen Mitarbeitern« (IM), »Gesellschaftlichen Mitarbeitern für Sicherheit« (GMS) und »Offizieren im besonderen Einsatz« (OibE).

Mehrere IMs bildeten ein Spitzelnetz und unterstanden einem Führungs-IM (FIM). Das Ziel einer solchen IM-Gruppe im Sperrgebiet des Eichsfeldes lautete 1977: *»operative Durchdringung der Gemeinden zur Wer-ist-Wer-Aufklärung, sowie Beseitigung aller hemmenden Faktoren zur weiteren Erhöhung der Sicherheit im Grenzgebiet zur weiteren Festigung der Staatsgrenze sowie rechtzeitiges Erkennen und Beseitigung von Erscheinungen bei gefährdeten Jugendlichen im Oberschulkombinat Wüstheuterode und POS Rüstungen, die eine Gefahr für die Staatsgrenze darstellen.«*

Die im *»einheitlich geführten Grenzsicherungssystem eingesetzten IM«* hatten – neben der *»Gewinnung operativ bedeutsamer Informationen für die Lageeinschätzung«* – vor allem Beiträge zu leisten für die Qualifizierung der Führungs- und Leitungsprozesse der Grenztruppen und der Volkspolizei bzw. der örtlichen Staatsorgane, die Sicherstellung des Zusammenwirkens mit dem Mitarbeiter für Grenzfragen beim Rat des (Grenz-)Kreises, die Durchsetzung von vorbeugenden Maßnahmen zur Verhinderung ungesetzlicher Grenzübertritte, die Vervollkommnung des FHG-Bestandes und der Helfer der Volkspolizei sowie die Aktivierung der Arbeit der GSA und die Qualifizierung der Zusammenarbeit mit den örtlichen Staatsorganen sowie der Bevölkerung des Grenzgebiets.

Geführt von Offizieren der Grenzkreisdienststellen des MfS arbeiteten diese IM/GMS in erster Linie in folgenden Berufen und Funktionen der Staatssicherheit zu:

- als staatliche Mitarbeiter der Abteilungen für Inneres bei den Räten der (Grenz-)Kreise;
- Abgeordnete örtlicher Volksvertretungen (der Gemeinden/Gemeinde-verbände/Städte/Stadtbezirke/Kreise);
- Angehörige der Volks- und Transportpolizei,
- vor allem Bedienstete des »Arbeitsgebiets I« (K I) der Kriminalpolizei, der Gruppenposten/Grenze,
- Grenz-Abschnittsbevollmächtigte (Grenz-ABV),
- »Offiziere Grenze« in den Volkspolizei-Ämtern sowie Mitarbeiter der Abteilung Pass-und Meldewesen;

- Angehörige der DDR-Grenztruppen, insbesondere »Grenzaufklärer«;
- Helfer der DDR-Grenztruppen (FHG) und Helfer der Volkspolizei,
- Bedienstete des Betriebsschutzes der Volkspolizei in den grenz- und sicherheitsgefährdeten Betrieben;
- Bedienstete der »Deutschen Reichsbahn«, der »Deutschen Post«, des Zolls, der Straßenbauämter, der Forstbetriebe und des »VEB Kraftverkehr« in den Grenzkreisen; sowie
- Mitglieder der GSA.

Die Gewinnung von IM/GMS machte dem MfS offenbar keine Probleme; die Ausstattung mit Zuträgern in den Grenzkreisen galt als zufriedenstellend bis gut. In einer MfS-Diplomarbeit unter Bezugnahme auf den Grenzkreis Haldensleben (Bezirk Magdeburg, heute: Sachsen-Anhalt) hieß es 1987 dazu:

»Durch zielgerichtete Werbungen auf der Grundlage konkreter Anforderungsbilder konnte die inoffizielle Basis besonders in den letzten Jahren beträchtlich erweitert werden. Somit steht der Kreisdienststelle im grenznahen Raum ein engmaschiges inoffizielles Netz zur Verfügung, dessen Steuerung überwiegend durch zwei hauptamtliche und mehrere ehrenamtliche FIM erfolgt. Ein hoher Anteil inoffizieller Kräfte übt Abgeordnetenfunktionen aus. Darunter befindet sich auch ein im Grenzgebiet wohnhafter IMS, der Mitglied der Ständigen Kommission Ordnung und Sicherheit des Kreistages ist […].«

Dass das MfS selbst gewählte Volksvertreter des Grenzkreises zur Spitzeltätigkeit herangezogen hat, belegt einmal mehr das moralisch-politische Niveau dieser Behörde. Dennoch machte der Einsatz von IM-Abgeordneten durchaus Sinn: Diese hatten im Allgemeinen ständigen Kontakt zu den »Werktätigen«, sie kamen in ihrer Funktion als Mandatsträger mit allen Schichten der Grenzbevölkerung zusammen und konnten somit die besten Stimmungs- und Meinungsbilder liefern. Was sie denn auch ausgiebig taten. Das MfS hatte also auch in den DDR-Grenzkreisen das »Ohr am Volk«; die örtlichen Verantwortlichen erwähnten das immer wieder stolz.

Aufträge im Grenzgebiet

Aus den Unterlagen des Ministeriums für Staatssicherheit kann man die verschiedenen Aufträge an die Inoffiziellen Mitarbeiter erkennen. So wollte man im Dezember 1963 von IM »Hirsch« im Fünf-Kilometer-Sperrgebiet erfahren: *»Welche Personen haben vor, während der Feiertage sich mit ihren Verwandten aus WD [Westdeutschland] im Hinterland der DDR zu treffen? (Wer und Wo?) Welcher Personenkreis beabsichtigt, über die Zeit vom 20.12.63 – 5.1.64 nach Berlin zu fahren, um eventuelle Verwandte aus WB [West-Berlin] zu treffen? Welcher Personenkreis erhielt sehr viele Westpakete?«*

Der IMS mit dem Decknamen »Taube« wurde 1971 beauftragt:

» – in Abständen von 2–3 Tagen die kleine Feldscheune in der Nähe von der Gemeinde Weidenbach in Richtung Schwobfeld ca. 100 mtr. links dieser Straße zu kontrollieren. Dabei habe er besonders auf Gegenstände, die ev. von Personen zurückgelassen worden sind, auf Lagerstellen u. a. zu achten. (Den IMS wurden solche Anzeichen genauestens und eingehend erklärt.)

– Bei seinen durchzuführenden landw. Arbeiten oder anderen Spaziergängen, die der IMS an Wochenenden in den oben-genannten Feldfluren durchführt bezw. unternimmt, hat der IMS auf alle Personenbewegungen oder andere verdächtige Gegenstände, die er auffindet, zu achten und uns bezw. der NVA sofort Meldung erstaatet [sic], wenn er verdächtige Wahrnehmungen feststellt die auf einen ungesetzlichen Grenzübertritt hindeuten.

Alle Dinge, die in dieser Richtung durch andere Personen festgestellt werden und den IMS zur Kenntnis [...] gelangen, hat der IMS sofort hiesiger DE oder bei notwendigen Sofortmannahmen der NVA Bescheid zu geben.

Mit den IMS [...] wurde vereinbart, daß er in Abständen von 8 Wochen über diese Aufgabenstellung Bericht erstatten soll.«

»Taube« erhielt 1979 den Auftrag: *»Erarbeitung einer Übersicht von Versteckmöglichkeiten und Unterschlupfmöglichkeiten und Kontrolle aller Objekte; Erarbeitung einer Aufstellung* *von allen Familien aus der Gemeinde Weidenbach, die Westkontakte unterhalten und Aufklärung, wo die Treffs zwischen Verwandten und Bekannten stattfinden sowie deren Charakter.«*

Die Ergebnisse der Recherchen und Aufträge der Zuträger wurden in Texten wie diesen millionenfach festgehalten: *»Die Bürgerin XXX und ihr Ehemann XXX wh. Eichstruth Nr. XXX unterhalten postalische und persönliche Verbindungen nach der BRD. Von der Karitas erhalten sie ständig Paketsendungen. Durch einen Ballonfund bestehen weitere Verbindungen nach der BRD. Bisher wurde diese Verbindung verschwiegen. Quelle: Kurt Hosta.«*

Wer-ist-Wer?

So kannte die Suche nach Informationen keine Grenzen. Verdächtige Personenkreise wurden observiert sowie Tausende Stimmungs- und Meinungsbilder der Bevölkerung an das Ministerium für Staatssicherheit abgegeben.

Besonders die Aktion »Wer ist wer?« lieferte über nahezu jeden Bewohner des Grenzgebietes und zum Teil auch des westlichen Vorfeldes einen Bericht. Die Aktion fand nur im Sperrgebiet an der Grenze statt und 30 Kilometer in den Westen hinein. Diese Aufklärung war ein häufiger Arbeitsauftrag für Offiziere und Inoffizielle Mitarbeiter der Staatssicherheit, die Mitglieder eines bestimmten Personenkreises verdachtsunabhängig nach ihrer Zuverlässigkeit einzuschätzen. Geprüft werden sollten unter anderem die Beziehung der betreffenden Personen zum MfS, ihre politischen Einstellungen oder mögliche Kontakte ins westliche Ausland. Laut Stasi-Chef Erich Mielke drückte die Geheimdienstformel die Frage aus, *»wer Feind ist, wer eine feindlich-negative Haltung einnimmt, wer aufgrund des Wirkens feindlich-negativer und anderer Einflüsse zum Feind werden kann, wer den Feindeinflüssen unterliegen und sich vom Feind missbrauchen lassen könnte, wer eine schwankende Position einnimmt und auf wen sich Partei und Staat jederzeit verlassen und zuverlässig stützen kann.«* Eine umfassende und formalisierte Variante der »Wer ist wer?«-Aufklärung war die seit Anfang der 1980er-Jahre massenhaft praktizierte Sicherheitsüberprüfung.

Besonders die im Grenzgebiet lebenden »Unsicherheitsfaktoren« galt es, zu entdecken und auszuschalten. So informierte 1957 ein IM über diejenigen Personen aus einem Dorf im Sperrgebiet, die im unmittelbaren Grenzgebiet Westdeutschlands nahe Verwandte hatten. Auch »grenzgefährdete Jugendliche« oder »Versteckmöglichkeiten« wurden ermittelt. Ebenso listete dieser Spitzel 1961 sämtliche Waldarbeiter oder im Dorf lebende Heimatvertriebene aus Ostmitteleuropa auf. Beide Bevölkerungsgruppen schienen für das SED-Regime potentielle Grenzverletzer und Republikflüchtige zu sein.

In den 1980er-Jahren ging das MfS noch engmaschiger vor. Es erteilte einem IM 1984 z. B. den Auftrag: *»Weiterhin in der Gemeinde Mackenrode und Weidenbach Personen aufklären, welche starken BRD-Kontakt haben, wo es familiäre Probleme gibt, in Verbindung einen ungesetzlichen Grenzübertritt.«* Alle DDR-Grenzsicherungsaktivitäten waren insbesondere auf die Verhinderung von Fluchten in den freien Westen fixiert. Da sollte schon in Schule und Elternhaus auf »unsichere Kantonisten« aufmerksam gemacht werden.

Schaut man sich auf der Mikroebene die Ergebnisse an, die diese *»Sammlung von Informationen über Personen mit dem Ziel ihrer sicherheitspolitischen Einschätzung«* lieferte, muss man zunächst die Menge der Texte erwähnen. In dem 300-Seelen-Dorf Mackenrode im Eichsfeld etwa wurde jeder Einwohner durch die Inoffiziellen Mitarbeiter des MfS erfasst und charakterisiert. Ganz wenige Dorfbewohner wurden dabei übersehen. Die meisten beschrieb man wortreich nach folgendem Schema: Lebenslauf, Einstellung zur DDR, politisch-gesellschaftliche Entwicklung, westliche Bindungen, Kontakte mit welchem Personenkreis, berufliche Entwicklung, familiäre Verhältnisse.

Neben wenigen, für den DDR-Geheimdienst auswertbaren Informationen bestechen diese Texte vor allem durch ihre nicht zu überbietende Trivialität. Oft haben sie wenig mehr als Gemeinplätze zum Inhalt. Die Identität der Überprüften wird zwar über Namen und biographische Daten fixiert, was aber folgt, sind Typisierungen, schemenhafte Profile, deren Eigentümlichkeit darin besteht, völlig austauschbar zu sein.

Die Behörden erwarteten von den Bürgern strikte Anpassung und Unterstützung bei der praktischen Grenzsicherung. Ein Dorf-Bürgermeister der Sperrzone beschrieb seine wichtigsten Aufgaben folgendermaßen:

»Als staatliches Organ einer Grenzgemeinde kommt es uns vor allem darauf an, die Bürger immer wieder mit der Grenzordnung vertraut zu machen, keine Verstöße gegen diese Ordnung zu dulden und die Bevölkerung zu hoher Wachsamkeit gegenüber feindlichen Anschlägen und ideologischen Einflüssen sowie zur Unduldsamkeit gegenüber Verletzungen der sozialistischen Gesetzlichkeiten zu erziehen. [...] *Eines unserer Hauptanliegen ist die Erziehung der Bevölkerung zu hoher Wachsamkeit gegenüber ortsfremden Personen und abgestellten fremden Fahrzeugen. In der Vergangenheit hat sich gezeigt, daß diese Problematik durch die Bürger unserer Gemeinde beachtet wird. So wurden wiederholt Hinweise der Bevölkerung an den ABV, die Grenzkompanie bzw. den Rat der Gemeinde gegeben.«*

Nur schrittweise kam es im Grenzgebiet zu einer *»Umbesetzung der Bürgermeister durch zuverlässige Genossen«*. Vor allem in den 1980er-Jahren wurden die letzten CDU-Bürgermeister durch SED-Genossen ersetzt.

All diese Maßnahmen förderten innerhalb der Grenzbevölkerung nicht nur das Denunziantentum, sondern erzeugten auch ein schlechtes Vertrauensklima, das die Bewohner abwägen ließ, wem sie welche Informationen anvertrauten.

Das Amt des Grenzbeauftragten

Das DDR-Grenzsicherungssystem erschien Mitte der 1980er Jahre nahezu perfekt, die Mitwirkung von Teilen der Grenzbevölkerung daran wurde amtlicherseits als bedeutsam hingestellt. Dennoch war man in Ost-Berlin damit nicht zufrieden. Es gab zu viel an Doppelarbeit, es tummelten sich zu viele »Organe« oder Abteilungen dieser »Organe« im Bereich »Grenzsicherung«. Das MfS war schon immer bestrebt, hier »Ordnung« zu schaffen. Die Mielke-Leute sahen sich als die wichtigste Kraft innerhalb des Grenzsicherheitssystems der DDR. Und das nicht erst in den 1980er-Jahren, bereits in den 50er-Jahren war es ihnen gelungen, die DDR-Grenzsicherung samt Grenzpolizei zeitweilig zu übernehmen. Mitte der 1980er-Jahre gewährte die führende Partei, die SED, dem MfS eine besondere Gunst: Es wurde als Generalbevollmächtigter für alle Angelegenheiten der DDR-Grenzsicherung eingesetzt, das Amt eines Grenzbeauftragten (GBA) wurde ins Leben gerufen. Dazu ergingen Anfang 1986 ein Ministerbefehl und »Vorläufige Grundsätze« für die Arbeit des GBA, der vorerst nur an der Grenze zur Bundesrepublik tätig werden sollte. Dieser Stabsoffizier (Planstelle: Oberstleutnant) hatte in erster Linie Koordinierungsaufgaben wahrzunehmen. Er sollte sich vor allem um die Zusammenarbeit von MfS, Volkspolizei, Grenztruppen, Zoll und örtlichen Staatsorganen kümmern, diese anleiten bzw. dafür sorgen, dass alle *»wirtschaftsleitenden Organe, Kombinate, Betriebe, Einrichtungen und gesellschaftlichen Organisationen«* und – nicht zuletzt – die Grenzbevölkerung in der Grenzsicherung an einem Strang zogen. Ausdrücklich war der GBA gehalten, die *»aktive Mitarbeit der Bevölkerung im Grenzgebiet zur Unterstützung der Grenztruppen«* sicherzustellen. Ansonsten durfte sich der neue GBA in alles einmischen, was irgendwie mit Grenzsicherung zu tun hatte; die »Vorläufigen Grundsätze« gaben ihm dazu das Recht – sehr zum Unwillen der Volkspolizei und der Leiter der Grenzkreisdienststellen des MfS: Diese mussten nunmehr Kompetenzverluste hinnehmen, waren zur *»engen Zusammenarbeit«* mit dem GBA verpflichtet, hatten ihm z.T. zuzuarbeiten. Bis gegen Ende des DDR-Grenzsicherungssystems Ende 1989 kam es zu heftigen Auseinandersetzungen und zu vielerlei Reibungsverlusten zwischen dem GBA und allen anderen Stellen/Organen. Wieder einmal hatte das MfS eine Angelegenheit überreguliert und für Kompetenzwirrwarr gesorgt, noch dazu innerhalb der eigenen Behörde. Die Folge: Die Arbeitsunlust der MfS-Bediensteten in den Grenzkreisen nahm stark zu, man agierte neben- und gegeneinander.

Nicht Koordinierung wurde erreicht, sondern egoistisches Ressortdenken, es kam zu Zerwürfnissen zwischen den »Kräften des Zusammenwirkens«. Insbesondere die Volkspolizei und das sie anleitende DDR-Innenministerium verwahrten sich gegen den Machtanspruch des MfS und seines GBA, eifersüchtig verwiesen sie auf ihre Befugnisse und Leistungen in der Vergangenheit. Die Arroganz der MfS-Offiziere tat ein Übriges: Polizeibedienstete wollten das nicht mehr hinnehmen. Der Zusammenhalt in der DDR-Grenzsicherung ging verloren, man werkelte herum und arbeitete zunehmend nach Vorschrift.

Unlust in den 1980er-Jahren

Damit gingen DDR-weit politische Unlustgefühle einher. Reisemöglichkeiten nach dem Westen wurden gefordert, auch von der Grenzbevölkerung. Nun nahmen auch die »Grenzverletzer« aus dem Grenzgebiet selbst zu, auch Einwohner aus dem Schutzstreifen setzten sich Ende der 1980er-Jahre vermehrt in die Bundesrepublik ab. Die Mehrheit der Grenzbevölkerung hatte es einfach satt, immer in einer Art von Dauerausnahmezustand leben zu müssen und Verhaltensweisen zu zeigen, die aufgezwungen worden waren. Die herrschende Partei verpasste den Zeitpunkt, den Wünschen großer Teile der Grenzbevölkerung entgegenzukommen: Die Reduzierung des

Grenzregimes, das in seinen Grundzügen aus der Zeit des Kalten Krieges stammte, wurde in den 70er- und 80er-Jahren nur halbherzig vorgenommen, Hunderttausende hatten nach wie vor mit täglichen Einschränkungen zu leben.

Mehrheitlich war man im Grenzgebiet sicher nicht SED- oder DDR-feindlich eingestellt, beobachtete und bewertete aber viele Sicherungsmaßnahmen kritisch und ungehalten. Einer der Widersprüche: Man galt offiziell als politisch durchaus zuverlässig – wenigstens nicht als »widerständig« –, musste aber mit den Zumutungen seitens der Verantwortlichen leben und auch die eigene Überwachung und Bewachung im Alltag hinnehmen, war dem Misstrauen leitender Funktionäre immer wieder ausgesetzt.

Auch noch in den 80er-Jahren vermittelten die Verantwortlichen den Eindruck, als hätten sich die Einwohner des Grenzgebiets ihren Aufenthalt täglich neu zu verdienen, als sei es eine besondere Vergünstigung, dort wohnen zu dürfen. Dabei überwogen die Nachteile seit Jahrzehnten: Die im Kalten Krieg geschaffene Situation an der Grenze wurde künstlich aufrechterhalten, die vielfältigen Einschränkungen im Alltag wurden noch immer mit der Notwendigkeit begründet, im Angesicht des Klassengegners Wachsamkeit zu zeigen und zu praktizieren. Dabei waren alle DDR-Grenzsicherungsaktivitäten immer nur auf die Verhinderung von Fluchten fixiert, die Grenze wurde nicht gegen den »Klassenfeind« im Westen gesichert, sondern gegen die eigenen Bürger. Das Grenzregime richtete sich in erster Linie nach innen, nicht nach außen.

So war ein Erreichen der Bundesrepublik für »Grenzverletzer« fast nicht mehr möglich. Bürger der DDR, die ihren sozialistischen Staat, aus welchen Gründen auch immer, unbedingt verlassen wollten, dafür keine Genehmigung bekamen, versuchten oftmals, das andere Deutschland auf dem Weg durch die Sperranlagen zu erreichen. Nur wenigen gelang es, überhaupt bis zur Sperrzone vorzudringen. Bereits im Heimatort konnten unbedachte Äußerungen und leichtfertige Vorbereitungen die Fluchtabsicht verraten. Auf dem Weg zur Grenze kontrollierte auf den Straßen die Verkehrspolizei und in den Zügen die Transportpolizei. Verdächtige Personen, die sich oftmals durch ihr mitgeführtes Gepäck verrieten, wurden festgenommen. In der Sperrzone wachten Uniformierte und Bewohner über alle verdächtigen Bewegungen. Die Grenztruppen hatten den Befehl, Grenzdurchbrüche mit Waffengewalt zu verhindern. Nicht wenige Fluchten endeten noch vor Erreichung der Grenzlinie im Gewehrfeuer der Grenzposten oder durch explodierende Minen.

Stadtarchiv Suhl, Fotonachlass Rolf Kornmann, Sign. 6.1.P/KR, 18.1.1., Juli 1985

Die feierlichen Gelöbnisse der Grenzer in der Innenstadt Suhls avancierten zu gesellschaftlichen »Höhepunkten« der Bezirksstadt. Am Mikrofon der Chef der DDR- Grenztruppen, Klaus-Dieter Baumgarten. Auf der Tribüne äußerst rechts und in ziviler Kleidung ist der Leiter der Suhler Bezirksverwaltung des MfS, Gerhard Lange, zu sehen. Juli 1985.

»Zu jeder Stunde«

Propagandistisch wurden keine Mittel und Wege gescheut, um die Bevölkerung der DDR mit in die Grenzsicherungsmaßnahmen und in die Einsicht von deren Notwendigkeit einzubeziehen. Auch das Massenmedium Film wurde genutzt. Das DEFA-Studio für Spielfilme (Potsdam-Babelsberg), näherhin die künstlerische Arbeitsgruppe »Heinrich Greif«, produzierte 1959 den ersten Spielfilm der DDR, der das Thema Grenzüberwachung und Militär an der Grenze zum Inhalt hatte. Die technischen Daten des Films sind:

Titel: Zu jeder Stunde
Arbeitstitel: Ein heißer Sommer; Die 12. Nacht; Grenzschutz

Drehbuch: Lothar Dutombé ***Dramaturgie:*** Dieter Scharfenberg
Regie: Heinz Thiel ***Kamera:*** Erwin Anders ***Musik:*** Helmut Nier
Bauten: Ernst-Rudolf Pech ***Kostüme:*** Lydia Fiege
Schnitt: Wally Gurschke ***Produktionsleitung:*** Siegfried Nürnberger

Darsteller: Reinhold Stövesand (Martin Kraft), Erika Radtke (Renate Wedel), Hans-Peter Minetti (Oberleutnant Höhne, Kompaniechef), Roman Silberstein (Leutnant Tröger, Politstellvertreter), Günther Haack (Bruno Zimmer), Hans Finohr (Arthur Wedel), Erich Franz (Otto Grabow), Otmar Richter (Felix Grabow) u. a.

Produktionsnummer 273
Verleih PROGRESS Film-Verleih
Filmformat 35 mm | Länge 2316 m | Schwarz/weiß | 85 min
für Kinder unter 14 Jahren nicht zugelassen

Ersteinsatz: 29. Januar 1960

Ursprünglich sollte der Film eine andere Intention verfolgen. Unter den insgesamt 56 Vorschlägen für den Thematischen Plan 1959/60, die die Dramaturgie des DEFA-Spielfilmstudios am 10. Juni 1958 an Staatssekretär Erich Wendt übermittelte, waren auch vier Stoffe, die als »atheistische Filme« gekennzeichnet waren bzw. in denen Christen als rückschrittlich dargestellt werden sollten. Darunter ein geplanter Film über Grenzsoldaten, der im Eichsfeld spielen und *»sich auch mit dem Wirken reaktionärer katholischer Kräfte auseinandersetzen«* sollte. Dieser Stoff wurde als einziger der vier Vorschläge auch realisiert. Als er aber unter dem Titel »Zu jeder Stunde« 1958 gedreht wurde, begann sich das kirchenpolitische Klima wieder zu ändern: Im fertigen Film treten zwar »Reaktionäre« auf, sie sind aber weder als katholisch noch sonst als religiös charakterisiert.

Stattdessen stehen die Grenzpolizei und ihre stete Einsatzbereitschaft, die sozialistischen Errungenschaften zu schützen, im Mittelpunkt. Die staatliche Vorgabe für den Spielfilm lautete: *»Das Thema des Films ist die Schaffung des engen Bündnisses zwischen der Grenzbevölkerung eines Dorfes an der westlichen Staatsgrenze der Deutschen Demokratischen Republik und den Soldaten und Offizieren einer Grenzkompanie im Interesse der Sicherung und des Eigentums des Volkes.«* So erlaubt der Film einen Einblick in die Problemlagen der bewaffneten Organe der frühen DDR und kann daher letztlich als Werbefilm für die Grenzpolizei angesehen werden.

Der DEFA-Streifen »Zu jeder Stunde« wurde im Sommer 1958 im thüringischen Eichsfeld gedreht, besonders in Heilbad Heiligenstadt, Keudelstein, Mackenrode, Hennigerode und Rüstungen. Im Film verschmelzen diese Dörfer zum fingierten Grenzdorf Altenrode. 1959 fand die Uraufführung in Heiligenstadt statt.

Die »Staatliche Zulassung« für Filme der DDR beschrieb den Inhalt des Streifens 1959 wie folgt:

»Martin Kraft, ehemaliger Autoschlosser in den Automobilwerken Eisenach, von seinem Betrieb zum Dienst in die Deutsche Grenzpolizei delegiert, meldet sich einen Tag vor Ende seines offiziellen Urlaubs zwischen Ausbildung und Grenzdienst in der Grenzkompanie Altenrode.

Altenrode ist ein ehemaliges Lehnsdorf des Grafen Räudel – der Besitz des Grafen ist jetzt zur Hälfte Eigentum

Filmplakat des Propagandastreifens »Zu jeder Stunde« über die Einsatzbereitschaft der Grenztruppen der DDR.

der Genossenschafts- und Einzelbauern, auf dem anderen Teil sitzt noch der Graf, hinter der Grenze, in Westdeutschland. Die Grenzer, die Genossenschaftsbauern wissen, daß er auch da drüben nicht mehr lange reitet, daß das heute erst zur Hälfte dem Volke gehörende Land morgen ganz dessen Eigentum wird. Heute gibt es aber noch Beziehungen zwischen dem Grafen und einigen Dorfbewohnern – vorwiegend ideologische. Unter diesen Umständen macht Martin Kraft seinen ersten Grenzdienst, freiwillig, da eine besondere Situation in der Dienststelle die Möglichkeit gibt.

Ein Gewittersturm überrascht die Posten am Räudelstein. Bei diesem Sturm stürzt in der Nähe der Grenze ein Mädchen des Dorfes, Renate Wedel, die Tochter eines Einzelbauern, ab. Sie wird unter Lebensgefahr von Martin und seinem Postenführer gerettet. Zur gleichen Zeit geschieht ein illegaler Grenzübertritt in diesem Abschnitt (West – DDR), nach allen Anzeichen durch einen Bewohner des Dorfes.

Beide Ereignisse bestimmen die Geschichte. Zwischen Martin und Renate entwickeln sich Liebesbeziehungen, die auf den entschiedenen Widerstand des alten Wedel stoßen, der nichts unterläßt, um sie zu zerstören, da er spürt daß mit diesen Beziehungen eine Veränderung in seiner Familie, in seine Pläne kommt, die er nicht dulden will. Er will mit den Grenzern nichts zu tun haben, auch nicht mit der Genossenschaft – aber auch nicht mit dem Grafen und dessen Verbündeten, dem Großbauern Grabow. Andererseits ist er abhängig von Grabow, der ihm die Pferde zur Feldbearbeitung leiht und seine Tochter als Gegenleistung für dessen Sohn (Felix) verlangt.

In diesen Auseinandersetzungen vollzieht sich Martins Entwicklung, wesentlich unterstützt durch den ›Kopf‹, den Kompanieführer. Der Klassenkampf im Dorf zwischen dem unter gräflichen Einfluß stehenden Grabow und der Genossenschaft entwickelt sich bis zum Fluchtversuch Grabows, nachdem er vorher der Genossenschaft großen Schaden zuzufügen versucht. Aus diesem Kampf kann sich Wedel nicht heraushalten, er muß sich für eine Seite entscheiden; er wird nicht zum

Feind des Dorfes werden. Martin und Renate zerstören die alten, herkömmlichen Vorstellungen Wedels.

Die Gesamthandlung bringt zum Ausdruck, daß das Bündnis zwischen dem Dorf, der Genossenschaft und der Grenzkompanie fester geworden ist und sich sozialistische Beziehungen entwickeln.«

Nach den Dreharbeiten musste das Werk noch die staatliche Filmzensur der DDR durchlaufen. Die Gesamtdramaturgie, die künstlerische Gestaltung der Politorgane und die vielen Handlungsstränge wurden kritisiert. Schließlich ließ sie den Streifen aber nach folgendem Resümee für den Spielplan zu:

»Dieser erste Spielfilm über das Leben und die Aufgaben der bewaffneten Organe unserer Republik bringt vor allem die sozialistischen Beziehungen zwischen Offizieren und Soldaten und ihre enge Verbindung zur werktätigen Bevölkerung zum Ausdruck. Der Film gibt dabei einen notwendigen und wertvollen Einblick in diesen, bisher noch nicht in einem geschlossenen Spielfilm gestalteten Lebensbereich. Er trägt daher zur Aufklärung über die Rolle der Deutschen Grenzpolizei bei und wird besonders bei unseren jungen Menschen einen erzieherischen und werbenden Einfluß ausüben.«

1965 wurde die Zulassung des Films nicht weiter verlängert. Als Gründe gab man an: *»Die Problemstellung des Films entspricht nicht mehr den Gegebenheiten. Inzwischen gab es verschiedene Veränderungen in der Behandlung von Grenzfragen; außerdem wurde die Deutsche Grenzpolizei aufgelöst.«*

Wikipedia Jürgen Katzer

Der Hülfensberg im Landkreis Eichsfeld.

Religion und Grenze

Die beiden Kirchen in der DDR konnten nie ganz in das SED-Regime integriert werden und blieben ernst zu nehmende Gegner des Systems. Protestantismus und Katholizismus waren die einzigen widerwillig geduldeten weltanschaulichen Alternativen zum Staatssozialismus. Nach Kriegsende war die Mehrzahl der Bewohner der SBZ noch konfessionell gebunden, innerhalb der weiteren 40 Jahre sollte sich das Gebiet der DDR zu einem der ent-christlichsten Länder der Welt entwickeln. Dennoch spielten Religion und Christentum stets eine Rolle im Leben vieler Menschen der DDR.

Die Mehrheit der Bevölkerung gehörte zunächst einer der evangelischen Kirchen an. Eine Minderheit blieb katholisch – vor allem im Eichsfeld, in der Rhön und in der Lausitz. Mannigfaltig waren die Behinderungen der Seelsorge durch die Errichtung des Sperrgebietes 1952 und die damit in Zusammenhang stehenden rigiden Verordnungen.

Es kam zu Verboten von Gottesdiensten im Schutzstreifen, Zwangsevakuierungen, Teilungen von Pfarrterritorien, Verlegungen von Bittprozessionen, Beschränkungen bei der Einreise von Bischöfen sowie zum Verbot von Wallfahrten. Bei Pfarrstellenbesetzungen im Grenzgebiet erzwangen die SED-Behörden ein Mitspracherecht.

Einige Beispiele sollen illustrieren, wie das kirchliche Leben unter den Bedingungen des Grenzregimes zu leiden hatte.

Gottesdienstverbot

Mit der Einführung des Grenz- oder Sperrgebietes zu Westdeutschland 1952 wurden öffentliche Gottesdienste im 500-Meter-Schutzstreifen direkt an der Grenzlinie untersagt. Auch andere kirchliche Veranstaltungen waren verboten, da Menschenansammlungen an der Grenze nicht geduldet werden konnten. Die Gotteshäuser durften nur zu privaten Gebeten oder zum Ablegen der Beichte betreten werden. Auch die Glocken durften nicht geläutet werden. Die Kirchenleitungen liefen Sturm gegen diese neuen Verordnungen.

Im katholischen Eichsfeld führte dies zu massenhaften Wanderungsbewegungen am Sonntag Vormittag: An Sonn- und Feiertagen galt für Katholiken die »Sonntagspflicht«. Zu ihrer Erfüllung mussten sie aus den Dörfern in die Orte außerhalb des Schutzstreifens gehen und dort die Gottesdienste besuchen. So fanden sich besonders in Arenshausen sonntags hunderte Gläubige ein; sie kamen aus dem Dorf selbst sowie aus den Schutzstreifen-Gemeinden Hohengandern und Kirchgandern. Die SED-Behörden hatten mit solchen »Völkerwanderungen« der Katholiken des Schutzstreifens nicht gerechnet und betrachteten das Ganze mit Argwohn: Es werde *»eine sehr starke Konzentration von Menschen geschaffen und dazu in einem Ort wie Arenshausen, wo die verschiedensten Dienststellen und die Kommandantur untergebracht sind.«* Offenbar fürchtete man diese Menschenansammlungen wegen vermeintlicher »Konterrevolutionen« gegen den entstehenden SED-Staat.

Ab 1953 kam es endlich zu einer Lockerung der rigiden staatlichen Grenz-Bestimmungen, sodass an hohen Feiertagen wieder Gottesdienste im Schutzstreifen möglich wurden. Zu Beginn des Jahres 1955 wurde die Regelung erlassen, dass nach vorheriger Anmeldung bei der zuständigen Kommandantur der Grenzpolizei in den betreffenden Gemeinden alle 14 Tage ein Gottesdienst gefeiert werden durfte. Ab November 1956 konnten an Sonn- und Feiertagen wieder regelmäßig

Gottesdienste gefeiert werden, jedoch waren öffentlich zugängliche Werktagsmessen weiterhin verboten. Prozessionen und Wallfahrten bedurften der Genehmigung der staatlichen Behörden, die mindestens 24 Stunden vorher einzuholen war. Zuweilen kam es noch 1960 zu Diskussionen wegen Veranstaltungen im 500-Meter-Schutzstreifen.

Welcher Art die Problemlagen waren, offenbart ein Bericht über eine Aussprache von SED-Funktionären mit der evangelischen Pfarrersfamilie in Wahlhausen an der Grenze zu Hessen 1953. Die Ehefrau des Pastors und deren Pflegetochter *»stellten uns die Frage, warum es gerade in Wahlhausen verboten wäre, die Glocken läuten zu lassen, wo es doch in Lindewerra und Asbach möglich ist. Wir erwiderten darauf, dass wir diese Frage mit den verantwortlichen Stellen klären wollten. Weiterhin führten sie an, dass es möglich ist, Elternseminare durchzuführen, bis nachts halb 12 Uhr, und man ihnen verboten hat, dass sich acht bis zehn Frauen in der Wohnung des Pfarrers treffen, die das Bedürfnis haben, einige Gottesworte zu hören. Der Pfarrer reichte diesbezüglich eine Beschwerde an die zuständige Stelle ein und erhielt den Bescheid, dass es aus Gründen der Gefährdung des Staates verboten ist, sich zu treffen. [...] Weiter erklärte uns die Pflegetochter des Pfarrers, dass die Anderen zusammenkommen können und ihr wurde es von dem Kreispolizisten verboten den Kindern das Flötenspielen zu lernen. [...] Es hätte gar keinen Sinn darüber zu sprechen, oder irgendwelche Anträge zu stellen, denn die Antwort lautet immer nur: wegen Gefährdung des Staates oder aus Sicherheitsgründen kann dem Antrag nicht stattgegeben werden. [...]«*

Die Erlaubnis zur Abhaltung von Gottesdiensten wurde in der Praxis unterschiedlich gehandhabt. Oft gab sogar das gleiche Grenzkommando verschiedene Weisungen aus. Willkür herrschte vor allem auch bei den Terminen für die nicht regelmäßig zu haltenden Veranstaltungen und Gottesdienste. Mit dem Beginn der 60er-Jahre waren diese Probleme dann langsam behoben.

Kirchliche Einrichtungen

Die Evangelische Kirche der Kirchenprovinz Sachsen unterhielt eine verdichtete Heim-Landschaft im Vorharzgebiet. Dort fanden sich einige Einrichtungen, die nach 1952 unter erhöhte Beobachtung gestellt wurden und deren Betrieb stark bedroht war.

Das Auslandsseminar der Evangelischen Kirche der Union (EKU) im Stift Ilsenburg war keine Einrichtung der Kirchenprovinz, stand aber ebenfalls auf dem Index. Ansonsten waren betroffen vor allem Stift Ilsenburg als »Rüstzeitheim«, das Haus Wedel in Schierke, die Tuberkulose-Klinik in Sorge und das Harzhaus in Elend.

Die Bedrängnisse unterlagen einem stetigen Auf und Ab, bis ab 1967 der Druck noch einmal erhöht wurde. Das Ministerium für Nationale Verteidigung drohte sogar die Schließung von Einrichtungen an, die mit dem Verteidigungsgesetz, der Verordnung zur Beschlagnahme von Einrichtungen und der Verordnung über die Staatsgrenze begründet wurden. Für die Kirchengemeinden hatte diese harte Haltung gegenüber den Heimen insoweit Auswirkungen, als Teilnehmerinnen und Teilnehmern der Rüstzeiten oder von klinischen und Erholungsmaßnahmen oftmals ohne Begründung ein Passierschein in das Sperrgebiet verweigert wurde.

Drastischer ging man in Eichsfeld vor, wo in Heilbad Heiligenstadt seit 1914 das katholische St.-Raphaels-Heim bestand. Schwer erziehbare Kinder wurden hier erzogen und beschult. Im Rahmen der »Nationalen Verteidigung« im Zuge des Mauerbaus und der Abriegelung der innerdeutschen Grenze sollte es 1961 aufgelöst und in ein »militärisches Objekt« umgewandelt werden. Nach heftigen Protesten konnte diese Schließung abgewendet werden.

Weitaus massivere Probleme nicht nur für das Raphaelsheim, sondern für die gesamte katholische Kirche in der DDR brachte die Herausnahme kreisfremder Kinder aus mehreren katholischen Heimen des Eichsfeldes mit sich. Das Raphaelsheim war das einzige Spezialheim der katholischen Kirche für erziehungsschwierige Kinder und Jugendliche in der DDR. 1963 machten sich Tendenzen bemerkbar, das Heim aufzulösen. Die Verantwortlichen des SED-Staates wandten das Schulgesetz schärfer als bisher an und versagten die Erteilung von Schulüberweisungen, die für die Heimkinder nötig waren, damit sie in Heiligenstadt unterrichtet werden konnten. Weiterhin sollten kreisfremde Kinder aus dem Heim heraus genommen werden.

Der Vertreter des Rates des Bezirkes konstatierte, es handele sich dabei um eine *»staatsnotwendige Grenzsicherungsmaßnahme, die in jedem Fall durchgeführt würde. [Es sei] eine grundsätzliche, von der Staatsnotwendigkeit her diktierte Maßnahme.«* Die Kinder würden durch die Konzentrierung an der Grenze gefährdet, weil sie hier Grenze kennen lernten. Das Gesetz über die Grenzsicherung beträfe nicht nur die Sperrzone, sondern auch die Grenzkreise. Es wurde behauptet, mehrere Kinder aus kirchlichen Heimen seien nach 1961 über die Grenze in die Bundesrepublik geflohen.

Die »Herausnahme kreisfremder Kinder aus dem Raphaelsheim« fand schließlich am 1. März 1963 (Freitag, 14.30 Uhr) unter Zwang statt. Die kirchlichen Verantwortlichen versuchten unverzüglich und vehement, die staatlichen Erlasse rückgängig zu machen. Bis an Walter Ulbricht, den ersten Mann im SED-Staat, wandte man sich. Die Machthaber ließen nicht mit sich reden, die Kinder wurden abgeholt. Widerspruch gegen die Maßnahme wurde von staatlicher Seite als Widerstand gegen die Staatsgewalt bezeichnet, obwohl er in allen Fällen gesetzlich berechtigt gewesen wäre. Die Kirche sah diese Zwangsmaßnahme von Anfang an als kirchenfeindlich und ungesetzlich an.

Wallfahrten

Kennzeichen katholischer Volksfrömmigkeit ist das Wallfahrten, also das Reisen aus religiösen Gründen zu einem Pilgerziel. Auch in der DDR gab es solche Wallfahrten; vor allem im Eichsfeld kam es am Hülfensberg bei Geismar, der schon im Mittelalter als Wallfahrtsort erwähnt wird, zu mannigfachen Marginalisierungen und Behinderungen. Im größten geschlossenen katholischen Gebiet der DDR wurden die Reglementierungen besonders an diesem weithin bekannten und viel besuchten Wallfahrtsort deutlich, sodass er in der Zeit der kommunistischen Diktatur doppelt symbolträchtig wurde: Der Protest gegen die Abriegelung der innerdeutschen Grenze vermengte sich mit dem Willen zur religiösen Selbstbehauptung.

Der wichtigste und beliebteste Wallfahrtsort der Katholiken in der gesamten DDR war der Hülfensberg im Eichsfeld (Thüringen). Seit 1860 steht er unter der Obhut der Franziskaner, die dort ein eigenes Kloster unterhalten. Seit 1933 befindet sich hier auch das beleuchtete, 18,6 Meter hohe Konrad-Martin-Kreuz, das zum Widerstandssymbol gegen staatliche Anfeindungen in beiden deutschen Diktaturen mutierte. 1951 wurden auf dem Berg insgesamt 45.000 Pilger und Wallfahrer gezählt.

Kreisarchiv Heiligenstadt, Sammlung Albert Kohl

Der Wallfahrtsort Hülfensberg in der DDR von der Bundesrepublik aus gesehen.

Mit der Errichtung von Besatzungszonen lag er nur wenige hundert Meter von der Interzonengrenze entfernt. Vom Plateau des Hülfensberges hatte man – wie Vertreter der Grenztruppen 1962 bemerkten – eine *»gute Einsicht ins westliche Vorfeld [...] und gute Beobachtung ins eigene Hinterland«*. Zudem sei dieser eichsfeldische Grenzabschnitt *»ein beliebtes Schleusungsobjekt von Westdeutschland aus«*, sodass dem Kloster besondere Aufmerksamkeit geschenkt werden müsse. Man vermutete 1958 auch, dass vom Berg aus Morse- und Blinkzeichen abgegeben würden, um verbotene Verbindungen in die nahe Bundesrepublik aufzunehmen. Deshalb waren die SED-Behörden und Militärs daran interessiert, möglichst geringe Pilgerzahlen auf den Berg aufsteigen zu lassen.

Wegen der Grenznähe des Berges war eine Überwachung durch die Volkspolizei oder andere staatliche Organe unumgänglich: Die 1.500 Teilnehmer der Hülfensberg-Wallfahrt 1951, die mit einem Sonderzug aus der thüringischen Diaspora kamen, wurden am Bahnhof Geismar von zwei Volkspolizisten mit umgehängten Karabiner empfangen und unter Bewachung auf den Berg geführt. Die beiden Polizisten äußerten sich hierzu anerkennend, *»daß sie von der Haltung der Teilnehmer im günstigen Sinne stark beeindruckt waren. Sie hatten die Überzeugung, daß es sich in diesem Fall wirklich um eine Wallfahrt gehandelt hätte. Bei häufigen, sonstigen Gelegenheiten wäre festzustellen gewesen, daß die Teilnehmer den Hülfensberg nur als Vorwand benutzt hatten, die Zonengrenzen erreichen (und evtl. überschreiten) zu können.«*

Seit Herbst 1951 wurden für mehrere Monate an der Bahnunterführung, durch die der Freilandkreuzweg zum Berg führt, sowjetische Militärangehörige postiert, die die Gläubigen hinderten, den Berg zu ersteigen. Oft wurden Wallfahrer längeren Verhören unterzogen, da man ihnen nicht glaubte, dass sie zu einem Wallfahrtsort unterwegs seien. Man warf ihnen vor, sie seien illegale Grenzgänger. Mehrfach führten die Posten die Pilger zur Dienststelle der Grenzpolizei in das nahe Geismar, wo sie für mehrere Stunden, ja sogar eine ganze

Nacht im Keller zubringen mussten. Diese Maßnahmen sollten aber nur den Beginn der Behinderungen des Wallfahrtswesens darstellen.

Durch die weitere Abriegelung der innerdeutschen Grenze und die Errichtung des Sperrgebietes 1952 waren der Zugang zum Berg und die Wallfahrten enorm eingeschränkt. In unmittelbarer Nähe zur Staatsgrenze gelegen, gehörte der Hülfensberg zunächst zur Fünf-Kilometer-Sperrzone, ab 1962 zum 500-Meter-Schutzstreifen des DDR-Grenzregimes.

Aufgrund diverser Polizeiverordnungen konnten ab 1952 nur noch diejenigen Gläubigen, die in der Fünf-Kilometer-Sperrzone ihren Wohnsitz hatten, zum Hülfensberg pilgern. Mit dem Verweis des Verbotes von Massenkundgebungen im Grenzgebiet wurden die Anträge des Klosters, wenigstens am Hauptwallfahrtstag diese Bestimmungen zu lockern, abschlägig beschieden. So betrug die Zahl der Wallfahrer 1952 nur noch 14.000. 1956 gab es erstmals eine Lockerung in den Besuchsbeschränkungen. Folgendes Prozedere war für die Gläubigen des Kreises Heiligenstadt nun notwendig: Die Pfarrer der einzelnen Gemeinden stellten eine Liste der Wallfahrtsteilnehmer auf mit Namen, Geburtsort und –datum, Wohnort und Nummer des Personalausweises. Der Prozessionsleiter legte diese Liste dem Volkspolizeikreisamt des betreffenden Kreises zur Einsichtnahme und Genehmigung vor und erhielt für alle Teilnehmer der Gemeinde einen Sammelpassierschein. Die Wallfahrer der betreffenden Gemeinde pilgerten in geschlossener Prozession zum Hülfensberg oder fuhren mit dem Zug bis Geismar, um alsdann in geschlossener Prozession über den Kreuzweg zum Hülfensberg zu pilgern.

Im Februar 1962 kam es zu erneuten Einschränkungen: Der Hülfensberg wurde in den 500-Meter-Schutzstreifen einbezogen. Dies hatte zur Folge, dass sich nur noch die wenigen Bewohner von den unmittelbar angrenzenden Orten Döringsdorf und Bebendorf (zusammen etwa 350 Einwohner) auf dem Berg aufhalten durften; jede Ansammlung von Menschen war verboten, Gottesdienste konnten nur in beschränktem Maße abgehalten werden. Zum Besuch des Berges war in jedem Einzelfall eine besondere Genehmigung erforderlich. Ziel dieser staatlichen Maßnahme war, *»in erster Linie keine Wallfahrten zum Hülfensberg stattfinden zu lassen.«*

Aufgrund der Bemühungen des Erfurter Weihbischofs Dr. Joseph Freusberg kam aber das Wallfahrtswesen nicht komplett zum Erliegen. Beim Rat des Bezirkes fand am 20. Februar 1962 ein klärendes Gespräch zwischen Kirchenvertretern und Vertretern des Rat des Bezirkes Erfurt statt, das zum Teil *»recht scharf«* geführt wurde, wobei letztere nicht von ihrem absoluten »Wallfahrtsstopp« abzubringen waren. Man einigte sich darauf, militärische Sachverständige zu befragen und Ausnahmegenehmigungen zu erwirken. Bei einem zweiten Treffen beim Rat des Bezirkes Erfurt am 14. Mai 1962 wurden drei Wallfahrten mit je nur 1.000 bis 1.200 Teilnehmern für das Jahr 1962 genehmigt. Da die Hauptwallfahrt in jenem Jahr auf den 17. Juni fiel, wurde sie *»aus militärischen Gründen«* nicht gestattet. Bei den einzelnen Wallfahrten musste jedoch eine Streuung der Wallfahrer erfolgen: so durften an der Johanneswallfahrt nur Pilger aus der Fünf-Kilometer-Zone und des 500-Meter-Schutzstreifens des Kreises Mühlhausen teilnehmen, an der Michaelswallfahrt nur Gläubige aus den um den Hülfensberg liegenden Dörfern, am dritten Bitttag ebenfalls nur Pilger aus der näheren Umgebung. An der Dreifaltig keitswallfahrt, die 1962 ausfiel, sollten Pilger aus der Fünf-Kilometer-Zone und aus dem 500-Meter-Schutzstreifen des Kreises Heiligenstadt teilnehmen.

Alle zugelassenen Wallfahrer mussten listenmäßig erfasst und rechtzeitig gemeldet werden. Eine endgültige Genehmigung für sämtliche Wallfahrten des Kirchenjahres wurde aber dennoch staatlicherseits nicht erteilt; man wollte zunächst einmal die erste Wallfahrt am dritten Bitttag 1962 abwarten und auswerten. Da schließlich sämtliche Wallfahrten aus Sicht der staatlichen Behörden zufriedenstellend verliefen, wurde dieser erstmals erprobte Modus des Jahres 1962 auch für die nächsten Jahre beibehalten.

Konkret bedeutete dies: Den Berg ersteigen duften nur Bewohner der Fünf-Kilometer-Sperrzone und des 500-Meter-Schutzstreifens der Kreise Heiligenstadt, Worbis und Mühlhausen (= sämtliche Teile des katholisch geprägten Obereichsfeldes). Die vom jeweiligen Pfarramt zu erstellenden Sammellisten mit Pilgern wurden beim Volkspolizeikreisamt eingereicht, genehmigt und durch den örtlichen Abschnittsbevollmächtigten der Deutschen Volkspolizei an den Pfarrer zurückgegeben. Dabei kam es vor, dass die staatlichen Organe Streichungen auf der Liste vornahmen: So erhielten Jugendliche im Alter von 14 bis 25 Jahren keine Erlaubnis zur Teilnahme an der Wallfahrt. Diese Bestimmung wurde allerdings 1973 modifiziert, indem nun Eheleute aus den Sperrgebietsdörfern im Alter von 18 bis 25 Jahren wieder zum Hülfensberg pilgern durften. Am Fuße des Berges befand sich ein Schlagbaum, an dem die Kontrolle der Wallfahrer anhand der erstellten Sammellisten erfolgte. Nur die Personen, die auf den Listen standen und ihren Personalausweis bei sich trugen, durften den Berg ersteigen.

Die Sperrzone wurde 1972 verkleinert, sodass einige Eichsfeld-Dörfer nun nicht mehr zum Grenzgebiet der DDR gehörten. Das hatte zur Folge, dass sich die Anzahl der Gläubigen, die noch zu den Wallfahrten zum Hülfensberg pilgern durften, weiter verringerte.

Im März 1989 erreichte der Erfurter Generalvikar Georg Sterzinsky, dass Personen, die außerhalb des Sperrgebietes der Kreise Mühlhausen, Worbis und Heiligenstadt wohnten, wieder an Wallfahrten zum Hülfensberg teilnehmen durften. Außerdem wurde den Katholiken dieser drei Kreise eine Pilgerfahrt pro Quartal zusätzlich versprochen, bei der es keine Personenzahlbeschränkungen gab. Nun konnten auch Gläubige aus weiter entfernt liegenden Gemeinden den Berg besuchen.

Zusätzliche Beschränkungen gab es natürlich für die Franziskaner, die auf dem Berg lebten. Eine Wohnsitznahme wurde nicht in jedem Falle von den SED-Behörden genehmigt. Bis heute leben Franziskaner auf dem Berg, auch wenn ihr Dienst bis 1990 oftmals ein eingeschränkter war.

Der Unmut und der Protest gegen das ungeliebte Sperrgebiet und seine Repressionen entluden sich 1989 auch am und auf dem Hülfensberg. Fünf Tage vor dem »Mauerfall« – in Berlin fand die größte genehmigte Massendemonstration in der Geschichte der DDR statt – demonstrierten 3.000 Eichsfelder und pilgerten unter Missachtung der Bestimmungen für den Schutzstreifen auf den Berg. Diese »Friedensdemonstration« oder auch Prozession endete mit einer Andacht in der Salvator-Kirche, wo um Frieden und Freiheit gebetet wurde. Am 10. November 1989 entfielen diese missliebigen Kontrollen an der Grenze, und seither herrscht wieder reger Besucher- und Pilgerandrang auf dem Hülfensberg.

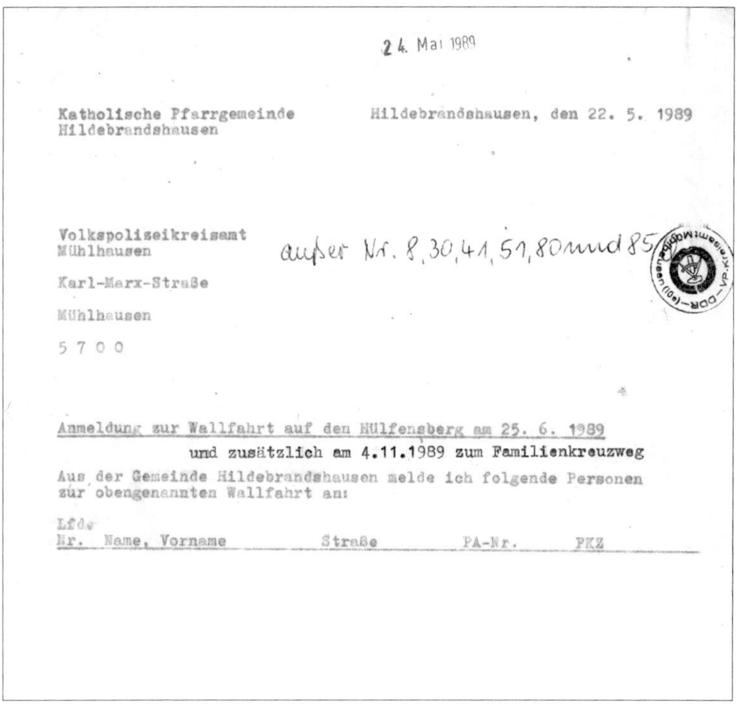

24. Mai 1989

Katholische Pfarrgemeinde
Hildebrandshausen

Hildebrandshausen, den 22. 5. 1989

Volkspolizeikreisamt
Mühlhausen

Karl-Marx-Straße

Mühlhausen

5 7 0 0

außer Nr. 8, 30, 41, 51, 80 und 85

Anmeldung zur Wallfahrt auf den Hülfensberg am 25. 6. 1989
und zusätzlich am 4.11.1989 zum Familienkreuzweg

Aus der Gemeinde Hildebrandshausen melde ich folgende Personen zur obengenannten Wallfahrt an:

Lfd. Nr.	Name, Vorname	Straße	PA-Nr.	PKZ

Pfarrarchiv Geismar

Sammellisten in vierfacher Ausfertigung waren bis 1989 nötig, um den Hülfensberg zu einer Wallfahrt zu besteigen.

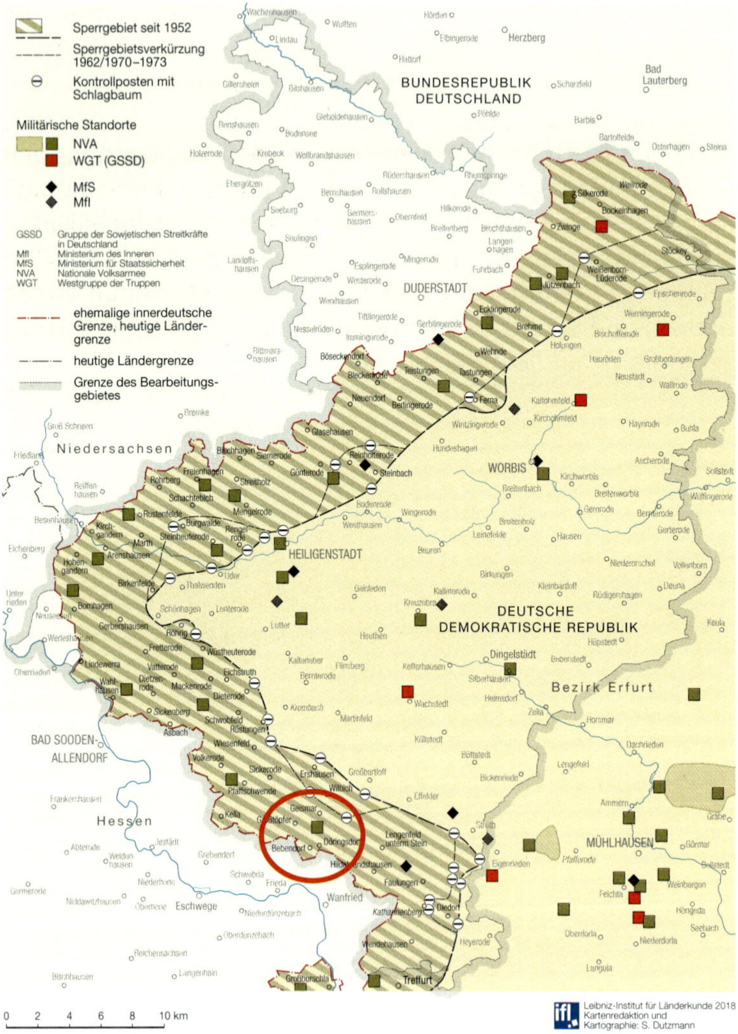

Aus: Harteisen, Ulrich; Hoppe, Ansgar; Küster, Hansjörg; Müller, Torsten W.; Porada, Haik Thomas; Wucherpfennig, Gerold (Hg.): Das Eichsfeld. Eine landeskundliche Bestandsaufnahme (Landschaften in Deutschland, Bd. 79), Wien / Köln / Weimar 2018, Abb. 55

Der Hülfensberg bei Bebendorf im Grenzgebiet der DDR (rot markiert).

Angst und Schweigen

Welche Stimmung herrschte im Grenzgebiet der DDR? Die gewaltsame Abschnürung vom Westen, die Einschränkungen im Alltag und die geminderte Lebensqualität bildeten für die Bevölkerung in der Sperrzone einen gemeinsamen Erfahrungs- und Wahrnehmungsraum, der das Zusammengehörigkeitsbewusstsein stärkte. Unter den betroffenen Bürgern entstand ein innerer Zusammenhalt, der sich in besonderer Vertrautheit im Familien-, Verwandten- und Freundeskreis, großer Hilfsbereitschaft und Abschottung vor Fremden manifestierte. Vielfach sprach man von einer sich ausbildenden »Ghettomentalität«, die noch dadurch begünstigt wurde, dass nur Verwandte ersten und zweiten Grades Einreisegenehmigungen erhielten. Die SED-Herrschaft wurde hingegen aufgrund der freiheitsbeschneidenden Maßnahmen weitgehend negativ wahrgenommen.

Unmittelbar während der Zwangsaussiedlungen nahm die Bevölkerung fast überall eine abwartende Haltung ein. Die meisten Mitbürger hielten aus Verunsicherung und aus Angst, selbst ausgesiedelt zu werden, den Mund und beobachteten das ganze Geschehen aus sicherer Entfernung. Noch während der Evakuierungsmaßnahmen wurde auch von der zuständigen Parteileitung ein allgemeines Gefühl der Panik und Verängstigung unter den Bewohnern der Grenzgemeinden konstatiert. Im Bericht des 1. Sekretärs der SED-Leitung Erfurt vom 7.6.1952 an das ZK der SED heißt es: *»Die Umsiedlung verursachte unter der Bevölkerung Aufregung und eine Angstpsychose.* [...] *Diese Angst ging so weit, dass verschiedene Menschen kopflos wurden, sich das Leben nahmen oder illegal die Grenze überschritten haben.«*

Der katholische Erfurter Generalvikar Joseph Freusberg und der Erzbischöfliche Kommissar von Magdeburg, Dr. Friedrich

Rintelen, legten am 13. Juni 1952 einen schriftlichen Protest beim Ministerrat der DDR ein, in dem sie gegen *»die im Gang befindlichen Evakuierungen an der Zonengrenze, die in der Bevölkerung große Verbitterung, Angst und Schrecken hervorrufen«*, protestierten.

Unabhängig von den konzertierten Vertreibungen schwebte über jedem Bürger im Sperrgebiet das Damoklesschwert der Aussiedlung. Das Leben in der Sperrzone stand unter besonderer Beobachtung durch die Staatsmacht, allen voran die Staatssicherheit. Letztlich führte dies, wie mehr oder weniger überall im Land, zu erzwungenem Wohlverhalten.

Viele zurückgebliebene Bewohner des Grenzgebietes lebten bis zum Untergang der DDR in Angst, ein ähnliches Schicksal erleiden zu müssen wie die Zwangsausgesiedelten. Fortwährend quälte die Frage: Wann kommst du an die Reihe? Die Erinnerungen an 1952 und 1961 waren bei den meisten stets präsent. Die Bevölkerung war dadurch eingeschüchtert und für die Machthaber besser lenk- und kontrollierbar. Vor allem sollten die Zurückgebliebenen dazu bewegt werden, mit den Grenztruppen, dem MfS und der Volkspolizei zusammenzuarbeiten.

Staatliche, besonders die geheimdienstlichen Akten liefern ein ungeschminktes Meinungs- und Stimmungsbild der Bevölkerung. Nach der Zwangsaussiedlung 1961 antwortete Pfarrer Dr. Adalbert Hosenfeld (Brehme) dem IM des MfS: *»Wir zerreißen doch alle Bande der Familie und des Geistes. Die Menschen seien unsicher geworden, besonders durch die Aussiedlungsmaßnahmen. Er kenne seine Gemeinde bald nicht wieder: schweigende, eintönige, ängstige Menschen seien es geworden. Alle haben Angst, dass noch mehr Umsiedlungen kommen würden.«* Darauf antwortete der Stasi-Spitzel dem Pfarrer, dass die Aussiedlungen abgeschlossen seien. Der Geistliche erwiderte: *»Für welche Zeit? Haben wir das nicht auch schon 1952 gesagt?«*

Der Lehrer des Grenzdorfes Brehme äußerte sich ebenfalls in diese Richtung gegenüber einem verdeckten Mitarbeiter des

MfS: *»Man glaubt, daß die Bevölkerung von Brehme so begeistert für unseren Staat ist, die müßten es wissen, das ist alles Angst. Jeder hat Angst, daß er ausgesiedelt wird.«*

Aus Stöckey heißt es 1961 in den Akten des MfS, Kreisdienststelle Worbis, zur Ungewissheit über weitere Repressionen: *»Man müsse doch sehr bedacht sein, nicht aufzufallen, sonst wäre man bei der nächsten Umsiedlung mit dabei. Wenn es in Stöckey und in anderen Grenzorten in der letzten Zeit gute Versammlungen gegeben habe, so solle man sich nicht täuschen über die wahre Stimmung der Bevölkerung. Der Versammlungsbesuch wäre also nur aus der Not geboren, aus Angst vor weiteren Umsiedlungsaktionen, nicht aber aus der Erkenntnis zur Politik.«*

Diese Einschüchterungsfolgen bemerkte 1962 auch die Vorsitzende des Rates des Kreises Heiligenstadt, Elsa Görbert, nach erhöhter Teilnahme der Anwohner an öffentlichen Veranstaltungen: *»Die starke Beteiligung ist nicht der allseitige Ausdruck des gewachsenen politischen Bewusstseins, sondern in einer ganzen Reihe von Gemeinden der Ausdruck von Angst.«*

Latente Angst und Einschüchterung hatten sich nach drei Jahrzehnten nicht gelegt; die Menschen fühlten sich von der Welt abgeschnitten. Kein Wunder, dass sich die Einwohnerzahl der Grenzdörfer verminderte. Die jungen Leute zogen oft in den »freieren« Teil der DDR, weil sie die Einsamkeit nicht mehr ertragen konnten. Für viele Orte bedeutete dies bis 1989 eine Abnahme der Bevölkerung, die einem Aderlass gleichkam. Beispielsweise verließen das Grenzdorf Asbach-Sickenberg 11 Familien mit 48 Personen in Richtung Westen bei 200 Einwohnern – das war ein Viertel der Einwohnerschaft. Weitere Bewohner verließen nach 1961 das Dorf, um in der DDR zu leben. 1989 wohnten dann nur noch 75 Einwohner in dieser Gemeinde unmittelbar am Grenzzaun.

Das klare Meinungsbild des katholischen Pfarrers Dr. Adalbert Hosenfeld aus Brehme gibt eine Akte der MfS-Kreisdienststelle Worbis wieder. 1984 angesprochen auf die Situation seiner Gemeinde im Sperrgebiet, sagte er dem Inoffiziellen

Mitarbeiter: *»An den Stacheldraht kann man sich nicht gewöhnen. [...] Die Menschen nehmen es zur Kenntnis, was wollen sie auch machen.«*

Ein politischer Witz aus dieser Zeit lautete: »SOS – Schweige oder sitze!« Man lernte, sich unterzuordnen und einzufügen. Im Herbst und Winter 1989 war endlich die Zeit gekommen, dem angestauten Unmut Luft zu machen. Pfarrer Wilhelm Palesch aus Rüstungen sandte einen Brief mit 427 Unterschriften an den Staatsrat der DDR, in dem er die Aufhebung des Sperrgebietes forderte und den Berlinern über das Grenzgebiet erläuterte: *»Daß wir das alles so lange und so schweigsam hingenommen haben, liegt wohl an der Schockwirkung, die die Zwangsevakuierung einiger Familien aus dem Sperrgebiet bewirkt hatte. Die Menschen waren verängstigt und sprachlos geworden.«*

Der Herrschaftsanspruch der SED war unbegrenzt, aber keinesfalls auch unbegrenzt durchsetzbar. Vielfach herrschte ein äußerlich angepasster Gehorsam der Beherrschten vor, den der Journalist Stefan Koch 1992 im eichsfeldischen Geismar einfing: *»Was mag sich zu SED-Zeiten hinter den Fassaden abgespielt haben? Herrschte tatsächlich die allgegenwärtige Angst, von der einige berichteten? Fühlten sich die Menschen ständig bedrängt, von Staatssicherheit und Volkspolizei? Oder führten auch sie ein Leben, das stärker von den Alltäglichkeiten geprägt war, als von hoher Politik? ›Richtig gelebt‹, antwortete plötzlich Maries Vater, ›haben wir nur zu Hause‹. Der Gang zur Arbeit, Gespräche mit Vorgesetzten und Parteiversammlungen seien eher automatisch verlaufen. ›Unsere Grenzen kannten wir recht genau.‹ Wer sich in diesem Rahmen hielt, wurde nicht behelligt.«*

Aus Angst wird Freiheit

Von Anfang an stießen das Genehmigungs- und Erlaubniswesen, die vielen Ge- und Verbote im Grenzgebiet, die völlig überzogene Überwachung bis ins Privatleben hinein und der Personalaufwand der staatlichen und bewaffneten Organe auf Unverständnis und Ablehnung beim größten Teil der Einwohner des Grenzgebietes. Offen äußerte man sich 1986 im Sperrgebiet des Bezirks Erfurt: *»Die Ausgaben des Staates für die Grenzsicherungsanlagen sollten anderweitig verwendet werden, damit in der DDR eine bessere Warendecke im Einzelhandel erreicht wird.«*

Für die Mehrheit der Bürger im Grenzgebiet bildeten die Bestimmungen des Grenzregimes jedoch eine ständige Belastung, und die vielen Auflagen störten den Alltag, normal konnte man das Leben in der Sperrzone und vor allem im Schutzstreifen nicht nennen; in diesem 500-m-Schutzstreifen befanden sich 1989 noch 73 Ortschaften bzw. Ortsteile mit 24.223 Einwohnern und 93 Betriebe. Ende der 1980er-Jahre dachte man darüber nach, den Bürgern im Grenzgebiet mehr Erleichterungen einzuräumen, Verbote wurden gelockert und nicht alle Gebote mehr befolgt.

Überlegungen der leitenden Partei- und Staatsfunktionäre, das Grenzregime stärker als bisher einzuschränken, kamen bis gegen Ende der 1980er-Jahre nicht voran. Aber immerhin gab es solche Überlegungen, die allerdings erst im »Aktionsprogramm« der SED im Wendeherbst 1989 ihren Niederschlag fanden. Als im Revolutionsjahr 1989 zunächst Tausende Einwohner der DDR ihre Heimat verließen, später die Proteste der Bevölkerung gegen den Staat immer lauter wurden, und man in den Städten massenhaft gegen die SED-Willkürherrschaft demonstrierte, waren die ersten Forderungen dabei auch die nach dem Wegfall der Sperrzone und des Schutzstreifens.

Ausgerechnet am Tag der Maueröffnung, am 9. November 1989, schlug DDR-Verteidigungsminister Heinz Keßler auf der 10. Tagung des ZK vor: *»in etwa das Grenzgebiet an der Staatsgrenze der BRD von gegenwärtig 5 km auf 500 m bis maximal 1000 m zu verringern. Dadurch würden ca. 450 Ortschaften mit 170.000 Einwohnern aus dem Grenzgebiet herausgelöst werden.«*

Am Abend des 9. Novembers 1989 wurden die Berliner Mauer und die innerdeutsche Grenze geöffnet, das Sperrgebiet an der Grenze wurde am 13. November 1989 aufgehoben, und bis zum 30. Juni 1990 verschwanden alle Beschränkungen sowie nach und nach auch die Grenz-Sperranlagen. Am 3. Oktober 1990 vereinigten sich die beiden Teile Deutschlands wieder, und eine innerdeutsche Grenze mit einem unliebsamen Grenzregime war fortan nicht mehr nötig.

Willi Klöppner, 22.06.1990

Die Bewohner des ehemaligen Grenzgebietes bauten die Grenz-Sperranlagen selbst ab, um sie privat zu nutzen.

Abkürzungsverzeichnis

ABV	Abschnittsbevollmächtiger der Deutschen Volkspolizei
BGS	Bundesgrenzschutz
BRD	Bundesrepublik Deutschland
CDU	Christlich Demokratische Union Deutschlands
DDR	Deutsche Demokratische Republik
DEFA	Deutsche Film AG
DVP	Deutsche Volkspolizei
EKU	Evangelische Kirche der Union
FDJ	Freie Deutsche Jugend
FHG	Freiwillige Helfer der Grenztruppen
FIM	Führungs-IM – Inoffizieller Mitarbeiter, der inoffizielle Mitarbeiter führte; seit 1968; Vorläufer: Geheimer Hauptinformator
GBA	Grenzbeauftragter – vom MfS eingesetzter Mitarbeiter zur Koordinierung von Grenzschutzmaßnahmen
Genex	Genex Geschenkdienst GmbH
GMN	Grenzmeldenetz
GMS	Gesellschaftlicher Mitarbeiter für Sicherheit des MfS – seit 1968; seit 1980 registrierpflichtig; besondere Form der inoffiziellen Zusammenarbeit
GSA	Grenzsicherheitsaktiv
GST	Gesellschaft für Sport und Technik
GT	Grenztruppen der NVA
IKM	Inoffizieller Kriminalpolizeilicher Mitarbeiter des MfS
IM	Inoffizieller Mitarbeiter des MfS – konspirativ und in der Regel unbezahlt tätiger Informant des MfS, vor allem zur Überwachung und Beeinflussung seines Umfeldes
IMS	Inoffizieller Mitarbeiter des MfS zur Sicherung und Durchdringung eines Verantwortungsbereiches
LPG	Landwirtschaftliche Produktionsgenossenschaft

NATO	North Atlantic Treaty Organization, dt. Organisation des Nordatlantikvertrags
NVA	Nationale Volksarmee (der DDR)
MfS	Ministeriums für Staatssicherheit
MPI	Maschinenpistole
OibE	Offizier im besonderen Einsatz des MfS – hauptamtlicher Mitarbeiter, der unter Verschleierung seines Dienstverhältnisses in sicherheitspolitisch relevanter Position eingesetzt war
OGS	VEB Großhandel Obst-Gemüse-Speisekartoffeln
POS	Polytechnische Oberschule
SBZ	Sowjetische Besatzungszone
SS	Schutzstaffel der NSDAP
SED	Sozialistische Einheitspartei Deutschlands
UNO	United Nations Organization, dt. Organisation der Vereinten Nationen
VEB	Volkseigener Betrieb
VP	Volkspolizei
VPH	Volkspolizei-Helfer
VPKA	Volkspolizei-Kreisamt
WD	Westdeutschland
ZK	Zentralkomitee der SED

Literatur und Quellen

Baer, Udo: DDR-Erbe in der Seele. Erfahrungen, die bis heute nachwirken, Weinheim 2020.

Bausch, Volker; Friedel, Mathias; Jehn, Alexander (Hg.): Die vergessene Vertreibung. Zwangsaussiedlungen an der innerdeutschen Grenze, Berlin / Boston 2020.

Bennewitz, Inge; Potratz, Rainer: Zwangsaussiedlungen an der innerdeutschen Grenze. Analysen und Dokumente, 4. Auflage, Berlin 2012.

Bienert, Thomas: Aus den Augen, aus dem Sinn? Verlustkatalog Thüringer Schlösser, Guts- und Herrenhäuser nach Befehl Nr. 209 der Sowjetischen Militäradministration 1946 bis 1949 sowie in der Zeit der DDR und der Gegenwart bis 2015. Mit einem Vorwort des Thüringer Ministerpräsidenten und ergänzenden Beiträgen von Sabine Ortmann und Carsten Liesenberg (Arbeitsheft des Thüringischen Landesamtes für Denkmalpflege und Archäologie. Neue Folge 50), 2. Auflage, Erfurt 2019/2020.

Bürgerkomitee des Landes Thüringen e.V. (Hg.): Terror, über den niemand spricht. Die Zwangsaussiedlungen 1952 und 1961 im Eichsfeld (Schriftenreihe des Bürgerkomitees e.V. 19), Zella-Mehlis 2009.

Der Bundesbeauftragte für die Unterlagen des Staatssicherheitsdienstes der ehem. DDR (Hg.): Das Wörterbuch der Staatssicherheit. Definitionen des MfS zur »politisch-operativen Arbeit« (Reihe A, Nr. 1/93), Berlin 1993.

Geier, Anke: »Unsicherheitsfaktor Sperrgebiet«. Heimkinder auf der Flucht über die innerdeutsche Grenze, in: Gerbergasse 18 27 (2022), S. 44–51.

Geier, Anke: Zwangsumsiedlungen als Teil der Grenzsicherungsmaßnahmen der DDR im Jahr 1952. Die Sicherung der kommunistischen Herrschaft im Grenzgebiet, in: Landesbeauftragter des Freistaats Thüringen zur Aufarbeitung der SED-Diktatur (Hg.): Vertreibungen im Kommunismus. Zwangsmigrationen als Instrument kommunistischer Politik, Halle (Saale) 2019, S. 137–166.

Grafe, Roman: Stacheldraht, Sperrzone, Zwangsaussiedlungen. Die Befestigung der DDR-Westgrenze 1952 (Quellen zur Geschichte Thüringens), Erfurt 2022.

Gruhle, Jürgen: Ohne Gott und Sonnenschein. Band 3. Altkreise Eisenach, Heiligenstadt und Mühlhausen. Eine Dokumentation, Nauendorf 2002.

Gundlach, Horst: Die Grenzüberwachung der DDR. Beschreibung der Grenzanlagen und des Überwachungssystems, 2. Auflage, Bad Langensalza 2020.

Heise, Joachim: Leben im Sperrgebiet – Fallbeispiel Nordhausen, in: Schroeder, Klaus; Staadt, Jochen (Hg.): Die Grenze des Sozialismus in Deutschland. Alltag im Niemandsland (Studien des Forschungsverbundes SED-Staat an der Freien Universiät Berlin, Bd. 25), Berlin 2018, S. 125–198.

Henkel, Horst; Scholz, Wolfgang: Sperrgebiete in der DDR. Ein Atlas von Standorten des Ministeriums für Staatssicherheit (MfS), des Ministeriums des Innern (MdI), des Ministeriums für Nationale Verteidigung (MfNV) und der Gruppe der Sowjetischen Streitkräfte in Deutschland (GSSD) (BFinformiert 34), 4. Auflage, Berlin 2022.

Hermann, Ingolf; Rosinger, Hartmut; Sroka, Karsten: Lexikon der innerdeutschen Grenze (Bürgerkomitee des Landes

Thüringen e. V. Schriftenreihe Bd. 20), 2., stark veränderte Auflage, Bad Langensalza 2017.

Herz, Andrea: Sperrgebiet 1952 und die Barrikaden von Streufdorf. o. O. o. J. [2013].

Höhle, Michael: Der 13. August 1961 und die Kirchen, in: Zeitschrift für Kirchengeschichte 114 (2003), S. 364–383.

Koch, Stefan: Neues Land. Tagebuch einer Grenzgeschichte, Duderstadt 1992.

Labrenz-Weiß, Hanna; Heise, Joachim: Staatssicherheit in Nordhausen, Nordhausen 2018.

Lapp, Peter Joachim: Dauerausnahmezustand. Die Überwachung der Grenzbevölkerung in der DDR, in: Deutschland-Archiv 35 (2002), S. 210–219.

Lapp, Peter Joachim: Die DDR im Jahr 1952, Erfurt 2022.

Lapp, Peter Joachim: Grenzregime der DDR, Neuauflage, Aachen 2013.

Lapp, Peter Joachim: Die Mauer. Eine Grenze durch Deutschland, Erfurt 2011.

Lebegern, Robert: Mauer, Zaun und Stacheldraht. Sperranlagen an der innerdeutschen Grenze 1945–1990, 2., erweiterte und ergänzte Auflage, Weiden 2015.

Müller, Torsten W.: Der Hülfensberg im Sperrgebiet. Die innerdeutsche Grenze und ihre Folgen für Wallfahrt und Kloster, in: Müller, Torsten W. (Hg.): 650 Jahre Wallfahrtskirche auf dem Hülfensberg. Festschrift zum Kirchweihjubiläum 1367–2017, Geismar 2017, S. 47–70.

Müller, Torsten W.: Katholische Kirche im eichsfeldischen Sperrgebiet. Die innerdeutsche Grenze und ihre Folgen für Gemeinden und Seelsorge, in: Jahrbuch für mitteldeutsche Kirchen- und Ordensgeschichte 14 (2018), S. 175–208.

Müller, Torsten W.: Kirchlich-karitativer Dienst an Ausgegrenzten. 100 Jahre St.-Raphaels-Heim Heiligenstadt, in: Eichsfeld-Jahrbuch 22 (2014), S. 259–280.

Müller, Torsten W.: Mackenrode im Eichsfeld. Beiträge zur Dorfgeschichte, Duderstadt 2011.

Oberdiek, Uwe: Die überwundene Grenze. Geschichte der deutschen Teilung zwischen Harz und Werra, Offenbach 2015.

Onnasch, Martin: Kirche an der Grenze. Folgen der Grenzsicherung für die evangelischen Kirchen am Beginn der fünfziger Jahre, in: Herbergen der Christenheit 20 (1996), S. 128–138.

Potratz, Rainer: Der Ausbau des Grenzregimes der DDR an der innerdeutschen Grenze und die Zwangsaussiedlungen aus dem Grenzgebiet der DDR im Mai und Juni 1952, in: Thüringer Forum für Bildung und Wissenschaft e. V. (Hg.): Das Jahr 1952: Europa am Scheideweg. Vergebliche Suche nach Alternativen in Ost und West, Jena 2002, S. 131–141.

Ritter, Jürgen; Lapp, Peter Joachim: Die Grenze. Ein deutsches Bauwerk, 8. aktual. Aufl., Berlin 2011.

Röhlke, Cornelia: Erzählungen von der deutsch-deutschen Grenze. Das geteilte Eichsfeld 1945–1990, Erfurt 2001.

Rothe, Ilona (Hg.): Verraten, vertrieben, verkauft, verhöhnt. Dokumente, Tatsachen, Hintergründe zur Aktion »Ungeziefer« »Kornblume«, o. O. [Erfurt] 1992.

Schaefer, Sagi: Hidden Behind the Wall: West German State Building and the Emergence of the Iron Curtain, in: Central European History 44 (2011), S. 506–535.

Schubert, Walfried: Grenzdienst am Hülfensberg im Eichsfeld. Erinnerungen eines Grenzsoldaten der Nationalen Volksarmee 1969–1970, Weida 2009.

Schultke, Dietmar: Die Grenze, die uns teilte. Zeitzeugenberichte aus Ost und West, 2. Auflage, Berlin 2014.

Seehase, Hans: Evangelisches Leben im Sperrgebiet seit 1952, in: Verein für Kirchengeschichte der Kirchenprovinz Sachsen e. V. (Hg.): Vom Arendsee zur Werra. Kirchliches Leben im Sperrgebiet (1952–1989). Tagung des Vereins für Kirchengeschichte der Kirchenprovinz Sachsen e. V. 2012 (Schriften des Vereins für Kirchengeschichte der Kirchenprovinz Sachsen, Bd. 8), Magdeburg 2020, S. 71–103.

Thüringer Ministerium für Soziales, Familie und Gesundheit (Hg.): Der totgeschwiegene Terror. Zwangsaussiedlung in der DDR, 2. Auflage, Erfurt 2006.

Homepages

www.staat-kirche-forschung.de/seiten/eBooks/RSimons/Zu jeder Stunde.pdf (Zugriff am 31.5.2023)

https://www.stasi-unterlagen-archiv.de/informationen-zur-stasi/quellensammlungen/mfs-und-grenze/ (Zugriff am 31.5.2023)

https://www.ddr-im-blick.de/jahrgaenge/jahrgang-1989/report/lage-an-der-staatsgrenze-im-jahr-1988-1/ (Zugriff am 31.5.2023)

Quellen

Landesarchiv Thüringen – Hauptstaatsarchiv Weimar
Bezirksparteiarchiv der SED Erfurt, SED-Kreisleitung Heiligenstadt und Worbis, Berichte über die Arbeit der Kirche 1953–1961. Nr. IV/ 4.06/ 151.

Bundesarchiv Berlin
Barch, DO4/1294.

Bundesarchiv Berlin – Stasi-Unterlagen-Archiv
IM »Maxe«
MfS, BV Erfurt, AIM 1160/87, Bd. II, 3.
MfS, BV Erfurt, AIM 1160/87, Bd. II, 4.
MfS, BV Erfurt, AIM 1160/87, Bd. II, 6.
MfS, BV Erfurt, AIM 1160/87, Bd. II, 21.

IM »Tanne«
MfS, Eft. AIM 1703/79, Bd. I.
MfS, Eft. AIM 1703/79, Bd. II, 1.

IM »Horst«
MfS, EF, AKAG 58/89, Bd. II.

IM »Hirsch«
MfS, BV Erfurt 2355/80, Bd. A1.

IMS »Taube«
MfS, BV Erfurt 2358/80, Bd. I.
MfS, BV Erfurt 2358/80, Bd. II,1.

IMS »Kurt Hosta«
MfS, Eft. KD Hei 41, Bd. II.